姉と弟

捏造の闇「袴田事件」の58年

藤原 聡
Satoshi Fujiwara

岩波書店

はじめに

「被告人は無罪」――。二〇二四年九月二六日、「袴田事件」の再審判決公判で、静岡地裁の國井《くにい》恒志《こうし》裁判長は確定死刑囚の袴田巖《はかまたいわお》さんに無罪判決を言い渡した。事件発生から五八年、死刑が確定してから数えても四四年が経過している。途方もない長い歳月を費やして、八八歳の袴田さんは、ようやく青天白日の身となった。

しかし、法廷には無罪となった本人の姿はなかった。長期間の拘置と死刑執行への恐怖により袴田さんは精神をむしばまれ、拘禁症状の影響で意思疎通が難しい。このため、弁護団は袴田さんが刑事訴訟法の「心神喪失者」に当たるとして静岡地裁に出廷免除を求め、認められた。袴田さんの代わりに、補佐人である姉の袴田ひで子さんが出廷した。九一歳のひで子さんは判決後の記者会見で「裁判長が『無罪』と言うのが、神々しく聞こえた。涙が止まらなかった」と話した。

死刑が確定した後に再審無罪となった冤罪《えんざい》事件は、過去四件ある。免田《めんだ》事件、財田川《さいたがわ》事件、松山事件、島田事件である。これらの事件は、いずれも戦後間もない一九四〇年代から五〇年代半ばに起きた殺人事件で、一九八〇年代に相次いで無罪が確定した。島田事件で、確定死刑囚だった赤堀政夫さんに無罪判決が言い渡されたのは一九八九年一月だ。これ以降、袴田さんが無罪になるまでの約三五年間、確定死刑囚に対する無罪判決はなかった。

本書は、六〇年近くも献身的に袴田さんを支えてきたひで子さんや弁護団、支援者らの姿を通して、事件の謎や疑惑を追い、長期裁判の経過をたどっていく物語だが、全体像を知ってもらうために、まず、袴田事件の概要を記してみたい。

一九六六年六月三〇日未明、静岡県清水市(現・静岡市清水区)のみそ製造会社「こがね味噌」の専務宅から出火し、全焼した。焼け跡から専務と妻、次女、長男の一家四人の遺体が見つかった。遺体には刃物で刺した傷が多数あり、集金袋が奪われた疑いがあるため、静岡県警は強盗殺人、放火事件として清水署に捜査本部を設置した。

八月一八日、捜査本部は、元プロボクサーで「こがね味噌」従業員の袴田巖さんを強盗殺人、放火などの容疑で逮捕した。みそ工場内にある従業員寮の袴田さんの部屋から押収したパジャマに、被害者の血液型と一致する血液の付着が確認できたことなどを逮捕理由に挙げた。

袴田さんは公判で一貫して無罪を主張したが、静岡地裁は一九六八年、死刑判決を言い渡し、一九八〇年、最高裁が弁護側の上告を棄却し、死刑が確定した。事件発生の約一年二カ月後、みそ工場のタンクから見つかった「五点の衣類」が犯行着衣と見なされ、これらの衣類にあった血痕《けっこん》が、被害者や袴田さんの血液型と一致すると判決は認定し、有罪の根拠とした。

袴田さんは一九八一年、第一次の再審請求をしたが、静岡地裁、東京高裁とも請求を棄却。二七年後の二〇〇八年、最高裁の棄却で終結した。第二次の再審請求審で静岡地裁(村山浩昭裁判長)は二〇一四年三月、ＤＮＡ型鑑定の結果などから「五点の衣類」は犯行着衣ではないとして再審開始を決定した。袴田さんは逮捕から約四八年ぶりに釈放され、郷里の浜松市で、ひで子さんと暮らし始めたが、裁判はその後、迷走する。

検察側は再審開始決定を不服として東京高裁に即時抗告した。東京高裁（大島隆明裁判長）は二〇一八年六月、ＤＮＡ型鑑定の信用性を否定し、再審開始決定を取り消した。この決定に対し、弁護側は最高裁に特別抗告。最高裁は二〇二〇年一二月、「五点の衣類」の血痕の変色状況について審理が尽くされていないとして、審理を東京高裁に差し戻した。

差し戻し審の東京高裁は二〇二三年三月一三日、再審開始を認める二度目の決定を出し、検察側が特別抗告を断念したため、再審公判が二〇二三年一〇月二七日から静岡地裁で始まった。翌二四年五月二二日の公判で検察側は確定審と同様に死刑を求刑、弁護側は改めて無罪を主張し、結審した。そして、同年九月二六日の第一六回公判で、ついに無罪判決が言い渡されたのだ。

こうして裁判の経緯を書き連ねただけでも、袴田さんが無罪になるまでに、どれだけ長い時間が過ぎ去っていったのかが浮かび上がる。

ここで、ひと言お断りしておきたい。本書はタイトルや本文で「袴田事件」と表記している。事件名に人名の「袴田」が付くと、一家四人殺害の犯人が袴田さんと取られかねないため、本書のもとになった共同通信配信の新聞記事では、この事件名をできるだけ使用しないよう努めてきた。とくに、袴田さんが釈放された後は、基本的に「静岡県で一家四人が殺害された事件」のような書き方をしてきた。

しかし、無実でありながら「袴田」さんが犯人に仕立て上げられた事件、証拠の捏造《ねつぞう》で「袴田」さんが陥れられた事件、という意味で捉えると、「袴田事件」という呼称は、この未曽有《みぞう》の冤罪事件の本質を的確に表しているとも言える。このため、今回、新聞の連載記事に加筆して単行本化するにあたり、「袴田事件」の呼称をあえて用いることにした。

前置きが長くなったようだ。死刑囚として囚われの身となった弟と懸命に救出しようとする姉。二人が織りなす長大な物語を、私は一本の小刀から始めようと思う。

目 次

本書は、共同通信の連載記事「姉と弟　袴田巖さん無罪への闘い」（二〇二三年一月〜三月、第一部〜第三部、全三〇回）に大幅加筆し、まとめたものである。

第一章　事件

静岡国体でボクシング競技の静岡県代表となった袴田巖さん(1957年10月．提供：山崎俊樹さん)

「凶器は売っていない」

袴田巖さんの死刑が確定した根拠の一つに、くり小刀がある。袴田さんが自分の部屋に隠し持ち、犯行で使用したと認定されたのだ。

くり小刀は、木製品の工作用の小型ナイフだ。刃先が細長くなっており、鉋《かんな》やノミが届かないような部分をえぐる時に使用する。このため、繰り小刀、刳り小刀、抉り小刀などの表記がある。欄《らん》間《ま》の隙間に入れて削ることもあるので欄間小刀と呼ばれることもある。

殺人放火事件の現場となった「こがね味噌」専務宅で、次女の足元に、黒く焼けたくり小刀が、柄《え》も鞘《さや》もない状態で落ちていたのを静岡県警の捜査員が見つけ、殺害に使われた凶器であると判断した。

袴田さんの「自白」によると、事件の三カ月ほど前の一九六六年三月末か四月初め、静岡県沼津市の「菊光刃物店」で購入し、自室に隠し持っていたとされる。（ここで「自白」と括弧付きで表記したのには理由がある。袴田さんは、最長で一日一六時間二〇分に及ぶ拷問とも言える取り調べに耐えかねて犯行を認めたが、その供述内容は真実ではないからだ。つまり虚偽の「自白」である）

殺害された四人には計四〇カ所以上の傷があった。木工細工用の小刀で、このような凶行が可能なのかという疑問が浮かぶが、そもそも、袴田さんがくり小刀を購入したという事実自体がなかったとみられるのだ。

「凶器とされたくり小刀は、うちの店では扱っていなかった」。菊光刃物店の店主の長男、高橋国明さんは、こう断言する。

沼津市にあった菊光刃物店は店仕舞いし、高橋さんは群馬県板倉町で、九六歳になる母親のみどりさんの介護をしながら暮らしてきた。二〇二二年一一月、東武日光線の板倉東洋大前駅近くのカフェで、高橋さんは、私の質問に答え、事件発生当時を振り返った。

「その頃、僕はまだ学生だったけど、手伝いで店番をよくしていた。店で売っていたくり小刀は刃渡りが一三五ミリで、赤茶色の鞘が付いたものだけだったのをよく覚えている。ところが、県警が押収した凶器とされるくり小刀は、刃渡りが一二〇ミリだったということを知り、びっくりしました」

二〇一八年九月ごろ、袴田事件を取り上げた月刊誌の記事を読んでいると、くり小刀の写真が掲載されているのに気づいた。県警が、押収品のくり小刀の大きさがわかるように、小刀の下に物差しを置いて撮影した写真だった。

「物差しの目盛りを何度も、何度も数えたんですが、刃の長さが一二〇ミリしかない。これは、うちには置いていなかった。売ってもいないのに、凶器にされたんです」

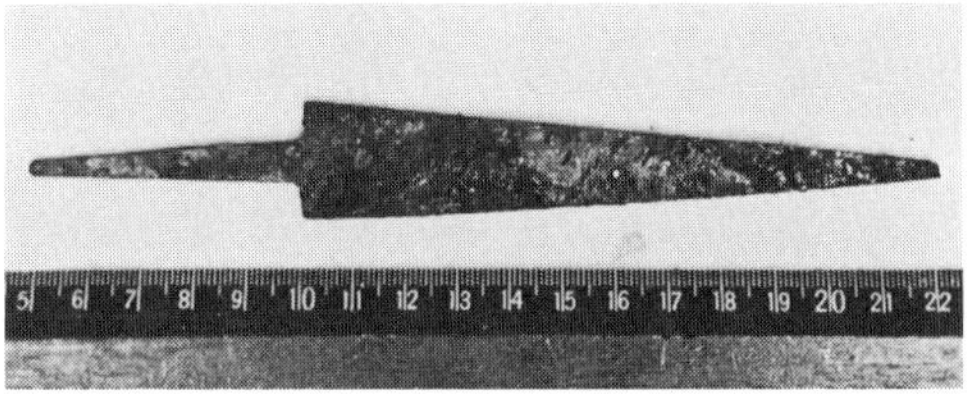

現場から発見されたくり小刀(提供：山崎俊樹さん)

菊光刃物店が、一三五ミリのくり小刀しか置いていなかったのには理由がある。袴田事件が起きる二年前に店が全焼し、当時はまだ仮店舗営業だったため、仕入れ品を絞る必要があり、売れ筋の一三五ミリしか扱っていなかったのだ。

高橋さんの父親で店主の福太郎さんが一九六七年四月二七日、静岡地裁の証人尋問で、これを裏付ける証言をしている。


――(検察官)どういう種類のくり小刀を扱われたことありますか。

「くり小刀というのは、長さが一三五ミリで、身だけ販売する場合と、白いさやに入れて販売するのと、赤茶色のさやに入れたものを販売する場合と三通りにわかれております」


なぜ、押収したくり小刀と店で販売していたくり小刀が、刃渡りの違うものであると県警も店側も気づかなかったのだろうか。高橋さんは次のように推測する。

「店に来た捜査員は『くり小刀を扱っているか』とだけ聞くので、店の方では一三五ミリの小刀のことを指しているのだなと思い込んで受け答えをする。だから会話としては成り立ったのだと思います」

菊光刃物店は、県警の捜査に協力的だった。街をうろつく不良少年が店を脅して金を取ろうとしたり、酔っぱらいが店頭の包丁を振り回して暴れたりしたとき、交番や警察署に連絡して警察官に駆けつけてもらったことが何度もあったからだ。捜査員が店を訪れて質問するたびに、福太郎さんやみどりさんは、丁寧に答えていた。

捜査員がある日、みどりさんに二〇枚ほどの顔写真を見せながら「この中に見覚えのある人はいますか」と聞いたことがあった。

みどりさんが「見覚えのある顔はありません」と答えると、捜査員は「犯人がこの店で刃物を買ったと言っている」と言った。

高橋さんは、このやりとりを聞いていたが、一九六七年七月二〇日、検察側証人として静岡地裁に出廷したみどりさんは、この店でのやりとりとは、まったく違う証言をした。

――（検察官）こがね味噌の会社の従業員の人たちの写真を持ってきて、この中に見覚えのある人がいるか、というようなことを聞かれたこととありますか。

「はい」

――その中に、見覚えのある顔はありましたか。

「一枚あったんです」

――あなたがその写真を警察の人に示したところ、警察の人は何か反応を示しましたか。

「はい。私がこの人に見覚えがあるといいましたら、警察官が二人いましたが、二人顔を見合わせたんです。それで私もちょっと変だなあと思って裏返したら、袴田と名前が書いてあったんです」

高橋さんは、裁判所から帰って来た母親に「今日は、どうだった？」と声をかけると、みどりさんは「証言の仕方って教えてくれるのね」と言った。さらに、みどりさんは、この日あった出来事を次のように語った。

裁判所に行くと、建物の外に男の人が待ち構えていた。「高橋みどりさんですね？」と聞かれたので、「そうです」と答えた。男の人と一緒に建物の中に入り、法廷とは別の部屋に連れて行かれた。その部屋で、男の人といろいろ話をした……。

「母親は検察側の証人として裁判所へ行ったので、この男の人は検察関係者だったと思います。でも、母親は部屋で話したことをよく覚えていないんですよ。ただ、帰宅した時、私に『証言の仕方って教えてくれるのね』と言ったのは間違いありません」

高橋さんによると、みどりさんは脳梗塞の後遺症で寝たきりとなり、意思疎通は難しくなったが、袴田さんに死刑判決が下された後、「本当は袴田さんを見ていない」と話し、自分の証言で有罪になったのではないかと思い悩んでいたという。みどりさんが法廷で虚偽の証言をしたのは、証人尋問の前に検察側から想定問答の指導があったからではないか、と高橋さんは推測している。

このように、犯行を裏付ける重要証拠である凶器が特定できないだけでなく、清水郵便局に届いた差出人不明の封書（中には「記番号」部分が焼けた紙幣が入っており、一〇〇〇円札二枚には「イワオ」と書かれていた）や留め金のかかった被害者宅の裏木戸（「自白」では裏木戸から逃走したことになっている)など、袴田事件をめぐる謎は多い。

なかでも最大の謎は、事件発生から一年二カ月後、家宅捜索済みのみそ工場のタンクから見つかった「五点の衣類」だ。血痕が着いた鉄紺色のズボン、ステテコ、緑色のブリーフ、灰色のスポーツシャツ、白色の半袖シャツである。

確定判決は、「五点の衣類」を犯行着衣だと認定したが、再審開始を決定した静岡地裁と東京高裁は、捜査機関により捏造された疑いがあると指摘している。袴田事件の長期裁判は、この「五点の衣類」をめぐる争いだったと言えるかもしれない。

袴田さんは二〇一四年三月、静岡地裁の再審開始決定で釈放された後、ひで子さんが建てた浜松市の四階建てマンションの一室で、平穏に暮らしている。かつては毎日、自宅周辺を長時間歩いていたが、最近は支援者の車で近隣の町に出かけることが多い。時には、浜名湖のほとりにある生まれ故郷の雄踏《ゆうとう》町(現・浜松市中央区)に行くこともある。

そこで、袴田さん、ひで子さんと一緒に郷里を訪れ、時間を八〇年以上巻き戻して、幼い姉弟《きょうだい》の姿を追ってみようと思う。

浜名湖畔での日々

夕暮れの浜名湖。あかね色に染まる湖面に、伝統の角立《かくだ》て漁の網を掛ける杭《くい》が並ぶ。遠州灘《えんしゅうなだ》とつながる浜名湖は、一日に海水が四〇〇〇万トン出入りする汽水湖だ。角立て漁は、この潮の満ち引きで魚類が移動する習性を利用し、袋網にエビやタイを誘導する定置網漁である。

浜名湖の東南端に雄踏町は位置する。二〇二二年の晩秋のある日、袴田さんとひで子さんの二人は、支援者が運転する車で、この町のかつて生家があった辺りを訪れた。

「自宅から少し歩くと浜名湖に出た。休日には家族そろって、よくウミ（湖）へ繰り出しました」。ひで子さんは、幼い日を振り返る。

会社勤めの父親は元船大工で、手製の木造船を持っていた。父や兄は、その船で沖に出てボラやタイを釣り、母親やひで子さん、袴田さんは、浜辺でアサリやナガラミという巻き貝を採った。釣った魚や貝は、その日の食卓に並んだ。

袴田さんは、六人きょうだいの末っ子だ。ひで子さんの上に、二人の兄と二人の姉がいるが、年齢が離れていたため、いつも三つ違いのひで子さんと一緒に遊んでいた。浜名湖に近接している雄踏町は水泳が盛んで、長兄茂治《しげじ》さんの同級生には、「フジヤマのトビウオ」と呼ばれ、競泳で数々の世界記録を樹立した古橋広之《ひろの》進《しん》さんがいる。

自宅近くに畑があり、普段の料理で使う野菜はほとんど、その畑で栽培したもので賄《まかな》った。「店で買うのは、お米とみそ、しょうゆぐらいだった。ご近所は、半農半漁の家が多かったですね」

父親は毎朝、歩いて雄踏橋を渡り、対岸の舞阪《まいさか》町にある日蓄木材という会社まで通っていた。ひで子さんによると、日蓄木材は、ＳＰレコードを収納する木製の箱を制作していたという。

午後になって急に雨が降り出した日は、ひで子さんと袴田さんが、傘を持って父親の会社まで届けに行った。会社に着くと、門衛は「お父さんに渡すから傘を預かろう」と言ったが、二人は父親が出てくるのを待った。お駄賃として菓子を買ってくれるからだ。

「傘を届けた後、あめ玉を買ってもらって、二人でなめながら帰って来たのを覚えている」とひで子さんは言う。

生まれ故郷近くの浜名湖畔で(2022年11月7日. 写真：共同通信 堀誠)

家族で熱海に旅行した時の記念写真. ひで子さん11歳, 巌さん8歳(提供：袴田ひで子さん)

ひで子さんが、幼い弟の姿として、真っ先に頭に浮かぶのは幼稚園の学芸会だ。喜楽座という映画上映もする劇場で開催された。袴田さんは、だぶだぶの背広を着て、眼鏡を掛けて中折れ帽をかぶり、ステッキを振りながら踊った。子どもがいたずらで父親の格好をしたら、いつしか自分が「父ちゃんになったような気分になる」という踊りだった。

「チャップリンのような格好で踊った巖が、『父ちゃんだい』と言う。かわいくて、拍手喝采を受けたんです」

戦争末期の一九四五年初頭、一家は親類を頼って浜名湖の北へ疎開した。袴田さんとひで子さんは、終戦を挟んで赤佐村《あかさ》(現・浜松市浜名区)などの小中学校に通った。

ひで子さんが中学二年、袴田さんが小学六年のころ、小学校の校庭で映画の上映会があった。校庭に白い幕をはった即席のスクリーンを立て、映写機で一六ミリの娯楽映画を投影した。ひで子さんと袴田さんが、家から持ってきたござを校庭に敷き、映画を見ていると、「火事だ！」と叫ぶ声が聞こえた。

ひで子さんが、小学校の正門前にある家の方角を見ると、火の手が上がっていたので、袴田さんの手を引っ張りながら走って戻った。二軒隣の家が炎上し、火の手が迫っていた。機転の利くひで子さんは、家の中に入って、タンスの引き出しを次々と抜き取り、近くの畑まで運び出した。

「巖は、メジロの鳥籠と炒り鍋をつかんで畑まで逃げた。こんな火事の時に、メジロの籠なんか持って、何をやっているのと思った」とひで子さんは、笑いながら振り返る。

メジロは、袴田さんの友達が裏山で捕まえ、譲ってくれたものだった。袴田さんは餌をやって世話しながらかわいがっていた。炒り鍋には落花生が入っていた。翌日、運動会があり、炒った落花生をおやつとして持って行くことになっていたので、持ち出したのだ。

近隣の家を炎上させた火は袴田さんの家ものみ込み、焼失させた。ようやく鎮火した後、ひで子さんが、袴田さんを捜すと、畑にしゃがみ込み、鳥籠を抱えて震えていたという。

袴田さんは、どんな子どもだったのだろうか。毎朝一緒に登校した藤森勗《つとむ》さんが、旧友の思い出を語る。

「巌さんは背が低いが、運動神経は抜群で足も速かった。跳び箱なんか、自分の背丈ぐらい高いのを跳んだ。めそめそ泣くようなことはない。やっぱりボクサーになる素質はありましたね」

ひで子さんは学業が優秀で、中学校では学級委員長に選ばれた。卒業後、中学校の推薦を受けて税務署に就職した。毎日、仕事が終わると、そろばんとタイプライターを習うため専門学校に通った。月謝は、少ない給料からやりくりして自分で支払った。

「税務署の仕事は、お茶くみのようなものしかなく、『仕事は何かない？』と探してやっていたくらいだった。だんだん、あほらしくなり、本格的に経理仕事を覚えようと思ったんです」

そろばんは、珠算検定試験を受けて三級に合格した。そして、二八歳の時、税務署の先輩が設立した会計事務所に転職した。この事務所で簿記を覚えたことが、後にひで子さんが民間会社の経理担当になった時に役立つことになる。

一方、袴田さんは中学校卒業後、浜松市の自動車整備工場に就職した。通勤途上に浜松ボディビル協会加盟のジムがあり、ボクシングの指導もしていた。袴田さんは、窓越しにボクシングの練習風景をのぞくうちに興味を持ち、ジムに通うようになった。運動神経が良かった袴田さんは、短期間のうちにボクシングのテクニックやパンチ力を磨いていった。

プロボクサーを故障で引退

ボクシングに生きがいを見いだした袴田さんは、自動車整備工場で働きながら、ジムで練習を続けた。やがて、プロボクシングの試合の前座で開催されるアマチュアの試合に出場するようになり、ボクサーとして頭角を現した。そして、一九五七年一〇月、静岡県で開催された国民体育大会のボクシング競技に、バンタム級の代表選手として出場することになった。

浜松市営プールが国体の試合会場になり、屋根付きの特設リングと階段状の観客席が設けられた。試合の日、ひで子さんは観客席の上段から弟に声援を送っていたが、袴田さんが転倒すると、「頑張れ、立つんだ、巖！」とリングに向かって大声で叫んだ。

「私の声を聞いて、下の方の席にいた人が『足を滑らせただけだから、カウントは取られないよ』と教えてくれました」とひで子さんは振り返る。

袴田さんは、五試合戦って四勝一敗の好成績を上げ、静岡県のチームは団体で三位に入賞した。

「姉ちゃん。俺、東京のジムに入ってプロボクサーになるんだ」

国体からしばらく経ったころ、ひで子さんと一緒に入った喫茶店で、袴田さんは心境を打ち明けた。ひで子さんは、プロの世界は生やさしいものではないと思ったが、弟の一途な気持ちを汲みとった。「自分で決めたんだから、やってみるんだね。姉ちゃんも応援するよ」

静岡県清水市（現・静岡市清水区）でボクシングジムを経営する元フライ級のプロボクサー串田昇氏の紹介で、袴田さんは、神奈川県川崎市の不二《ふじ》拳闘クラブに入門した。不二拳闘クラブは、「拳聖」と呼ばれた名選手、ピストン堀口（本名・堀口恒男）が所属していたことで知られる名門だった。串田氏もかつて、このクラブに所属していた。

袴田さんは、ジムの仲間と一緒に大部屋の二段ベッドで寝起きしながら、ボクシング界の名伯楽と言われた岡本不二《ふじ》会長の指導を受け、一九五九年一一月、プロデビューの初戦を白星で飾った。

翌六〇年は、ラジオ東京テレビ（現・ＴＢＳ）で放送されたプロボクシング番組「東洋チャンピオンスカウト」のフェザー級トーナメント戦を勝ち上がり、七月のＡ級決勝戦にも勝利して優勝カップを手にした。ちなみに、番組名の「東洋チャンピオン」は、東洋工業（現・マツダ）がスポンサーだったため付けられた名称で、東洋太平洋のタイトルとは関係ない。

かつての名トレーナーで九四歳の石井敏治さんは、当時の袴田さんの試合の内容を記憶している。

「袴田選手は無骨で、ひたすら真面目に打ち合う選手だった。戦いぶりに、人の良さが表れていました」

この番組の解説者だったボクシング評論家の郡司信夫氏は「猛烈なファイターであったし、いかにも朴直な、それでいて運動神経に恵まれたボクサーだった」と述べている。劇作家の寺山修司氏は「倒しもせぬが倒されもせぬ、というファイトだったが、通向きの味のある試合をする選手」(『スポーツ版裏町人生』)と記している。

勝ち星を重ねた袴田さんはこの年、一九試合も対戦した。これは年間最多試合数の日本記録だ。袴田さんの普段の体重は約六三キロだったが、フェザー級の体重は五七キロ以下なので、試合のたびに過酷な減量を強いられた。多い月は四試合もこなし、重い階級の選手のスパーリング相手も務めたため、目や脚に故障を抱えるようになった。一九六一年は一月の初戦に勝利したが、その後は五連敗して引退に追い込まれた。プロボクサーとしての通算成績は、二九戦一六勝(一KO)一〇敗三分で、最高位は全日本フェザー級六位である。

引退した袴田さんは、ボクシングジム会長の串田氏を頼って清水市へ行き、市内のキャバレー「太陽」のボーイとして働くことになった。「太陽」は、生バンドの演奏とステージのある広い店で「東海一のキャバレー」と言われ、有名な歌手や俳優が出演することもあった。

そのキャバレーに酒類を納入していた酒店の店主、西宮日出男氏が袴田さんの人柄を気に入った。ビールを配達に行くと、大勢いるボーイの中で袴田さんだけが重いビールケースを運び、仕事を手伝ってくれたからだ。西宮氏は袴田さんを独立させるため資金を出して、清水市内に「暖流」という名のバーを開店し、袴田さんを店の支配人にした。袴田さんの新妻R子がマダムになり、他に女性二人を雇って営業したがうまくいかず、一年ほどで店を閉めた。

西宮氏は、酒店を経営する前に食料品を扱う仕事をしており、清水港に寄港した遠洋漁業の漁船に、みそやしょうゆを卸していた。その頃、みそ製造会社「こがね味噌」専務の橋本藤雄さんと知り合い、その後も親しくつきあっていた。

「こがね味噌」は商品名で、会社名としても通用していたが、正式名称は合資会社「橋本藤作商店」という。「橋本藤作」というのは橋本さんの父親の名前だ。橋本藤作氏は戦後、みそ製造販売の商売を始め、一九四七年に合資会社を設立した。藤作氏は事件当時、社長だったが病床にあり、経営の実権は息子で専務の橋本さんが握っていた。

西宮氏は、バー経営に失敗した袴田さんを雇ってもらえないかと、旧知の橋本さんに頼み込み、袴田さんは一九六五年一月から、みそ工場内にある従業員寮に住み込みで働くようになった。この転職が、運命を大きく変えた。

一家四人殺害の現場

袴田さんが、「こがね味噌」で働き始めて一年半ほどたった一九六六年六月三〇日午前二時ごろ、清水市横砂の橋本藤雄さん宅から出火、木造平屋約三三〇平方メートルの住宅を全焼し、土蔵と隣家二軒の一部を類焼した。橋本さん宅は、表が旧東海道に面しており、裏には国鉄（現・ＪＲ）東海道線が走っている。清水駅と興津《おきつ》駅のちょうど中間辺りに位置する。

焼け跡から橋本さん（四一歳）と妻ちゑ子さん（三九歳）、次女扶示子《ふじこ》さん（一七歳）、長男雅一朗さん（一四歳）の親子四人の焼死体が見つかった。四人の遺体には刃物による刺し傷が多数あり、周囲にはガソリンのような臭いが漂っていた。集金袋が奪われた疑いもあるため、静岡県警は強盗殺人、放火事件として清水署に捜査本部を設置した。

捜査本部の調べによると、橋本さんは裏木戸付近の通路で仰向けに倒れていた。がれきの下から見つかった遺体はほぼ炭化しており、右胸と右肩付近に計一五カ所の刺し傷があった。ちゑ子さんと雅一朗さんは寝室の八畳間で抱き合うような姿で倒れ、ちゑ子さんは左の背中、あご、左腕などに計六カ所の刺し傷が、雅一朗さんは首、右胸、手首などに計一一カ所の刺し傷が、それぞれあった。扶示子さんは、仏壇のある部屋とピアノのある部屋との間でうつぶせに倒れ、胸部や首に計九カ所の刺し傷があった。司法解剖の結果、橋本さん以外の三人の気管支からすすが検出され、火災時にまだ息があったことがわかった。

扶示子さんは奇妙な状態で見つかった。うつぶせの遺体の下に、壁にかかっていた額縁があり、その下に緑色の衣紋掛け《えもんか》があった。さらに、衣紋掛けの下に生理用下着が二つあり、その間に未使用のマッチが五本置いてあった。下着には経血のようなものが付着していたが、同じように経血が付着している下着類が、勉強部屋の洋服だんすにぎっしりと詰まっていた。

橋本さんの長女で一九歳の昌子さんは、友人と二人で六月二五日から広島、山口、島根、京都の

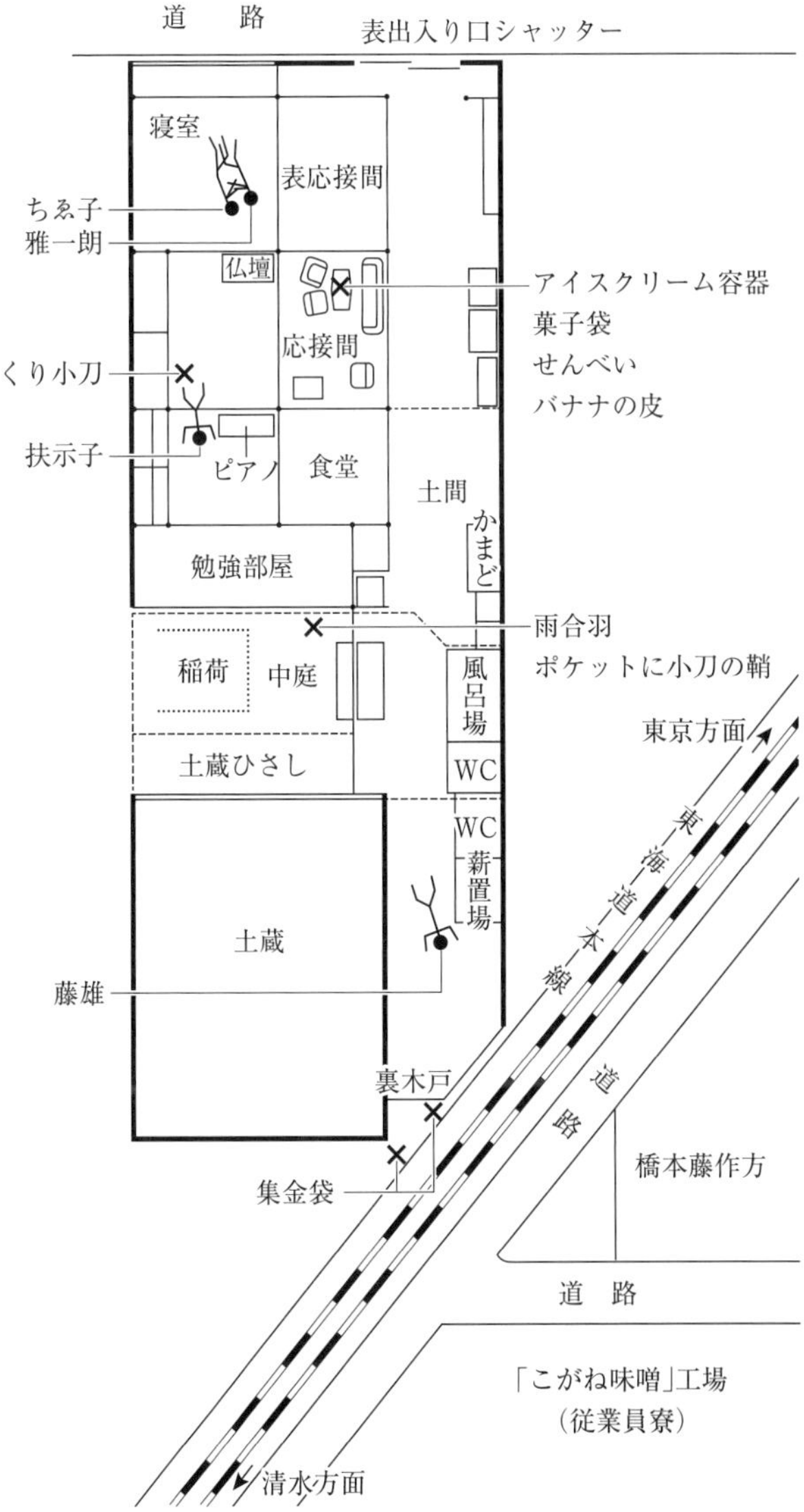

現場見取り図と位置関係（捜査資料より作成．東海道線・道路幅の縮尺は実際より小さくしてある）

各府県を旅行し、六月二九日夜、清水駅に帰着した。駅前からタクシーに乗り、午後一〇時一〇分ごろ、橋本さん宅前で降りた。

昌子さんは、捜査本部の事情聴取に対し、次のように供述している。

旧道に面した表出入り口のシャッターに指をかけて開けようとしたが開かなかったので、三、四回叩いたところ、寝室の電灯がつき、足音が近づいてきた。「今、帰った」と言うと、中から「わかった」という声がしたという。

昌子さんは「間違いなく父の声でした。帰ってきたことを承知してくれたと思い、私は、そのまま離れの方へ帰って来てしまったのです」と述べている。「離れ」というのは線路を挟んだ向かい側の別棟で、昌子さんの祖父母の橋本藤作さんと妻さよさんが住んでいた。昌子さんは半年ほど前から自宅を出て、ここで暮らしていた。藤作さんは入院中だったので、昌子さんは事件当夜、祖母の元に帰り、就寝した。

三〇日午前二時前、火災に気づいた近隣の住民が、次々と橋本さん宅前に集まって来た。住民らはシャッターを叩いたが、中から反応はなかった。一人がシャッターの下に指をかけて引くと、サーッと一気に上がり、開いた。シャッターの内側のガラス戸は開いており、猛烈な勢いで煙が噴き出した。シャッターが施錠されていなかったことは、複数の住民が後に法廷で証言している。

被害者の傷の数は、解剖した医師の鑑定書では計四一カ所だが、遺体の損傷が激しいため、確認困難な傷がさらにあるとみられている。また、傷の位置が体の正面は右側に、背面は左側に、それぞれ集中していることから、捜査本部は、犯人が左利きではないかとみていた。ひで子さんは「捜査員から巖は左利きかと聞かれたことがある」と言う。ちなみに、袴田さんは右利きである。

傷が体の特定の部位に集中していることから、被害者は逃げ回ったのではなく、手足を縛られて身動きが取れないような状態だった可能性がある。弁護団が、後の再審請求審で開示された現場写真を調べたところ、針金かワイヤのようなものが遺体の腕や脚に巻き付いている写真が数枚あったという。叫び声などが外部に漏れていないことから、猿ぐつわが使用された可能性もある。

致命傷にならない浅い傷も多いことから、身体を拘束して、いたぶるように刃物で刺し続けたとみられ、犯人の強い怨恨を感じさせる。事件発生直後に沢口金次清水署長は「今度の事件は凶悪犯罪を通り越して猟奇的なものさえあると思われる」と語っている。

表出入り口の近くにあった電話のコードは切断され、電話機は家の前の道路に捨てられていた。応接間のテーブルの上に、アイスクリームの容器とふたが各四個、菓子袋が二個、せんべいとバナナの皮などがあったことから数人の来客があった可能性がある。電話コードの切断とこの来客とが、どのように結びつくかはわからないが、いずれにしても四人に逃げる隙を与えず、執拗《しつよう》に刃物で刺した犯行形態からすると、単独犯であるとは考えにくい。

橋本さんはモーターボートを所有しており、ガソリンとエンジンオイルを混ぜた燃料の混合油が、みそ工場にあったことから、捜査本部はこの混合油を遺体周辺にまいて火をつけたとみた。

後に静岡地検は初公判の冒頭陳述で、橋本さん一家が寝静まった午前一時二〇分過ぎに、袴田さんが橋本さん方に侵入したと主張するが、もっと早い時刻の犯行だった可能性がある。橋本さんとちゑ子さんは腕時計をはめており、雅一朗さんは白いシャツを着て胸ポケットにはシャープペンシルを差していた。扶示子さんは、焼け残った布片から女子高の制服を着ていたとみられる。いずれも就寝時の姿とは考えにくい。

また、橋本さんの掛け布団は二つに折りたたまれ、ちゑ子さんらが倒れていた敷き布団の上から吊《つ》られていない蚊帳《かや》が見つかっており、就寝前であったことを示している。もし、就寝前であれば、犯行時刻は六月三〇日未明ではなく、二九日夜になる。袴田さんは二九日午後九時半から一〇時半ごろまで、自室にあるテレビで長谷川一夫主演の時代劇「半七捕物帳」を見ていたことが、一緒にいた同僚の証言で明らかになっており、二九日夜の犯行であればアリバイが成立する。

事件の渦中へ

扶示子さんの足元から刃渡り一二センチのくり小刀が見つかった。柄も鞘もなかったが、捜査本部は、中庭に落ちていた雨合羽《あまがっぱ》のポケットから見つかった茶色の鞘に、くり小刀を収めていたとみた。柄は火災で焼失したとされたが、発見場所周辺は焼損がひどくないため、当初から柄はなかった可能性がある。

扶示子さんには、肋骨《ろっこつ》を切断する深い傷があり、肺と心臓を貫通して胸椎《きょうつい》まで達していた。くり小刀で、このような傷を負わせることは不可能だ。後に、弁護団は第一次再審請求で、扶示子さんと年齢や体格が似た女性四人のコンピューター断層撮影（CT）画像を使って、胸の表面から胸椎までの距離は平均で一六・五センチあり「くり小刀でこの傷はできない」という鑑定書を裁判所に提出した。

捜査本部は、台所から包丁一本を見つけたが、刃がさびて柄にはほこりがたまっていたため、凶器ではないと断定した。一方、ふだん調理で使用していた包丁が紛失したという捜査記録はない。傷の深さや幅は同一ではなく、複数の刃物が使用された疑いもあった。犯人が台所の複数の包丁を殺害に使用し、持ち去ったということは十分に考えられるのだ。また、袴田さんが、くり小刀を静岡県沼津市の「菊光刃物店」で購入した事実はなかったことは、すでに記したとおりである。

事件が発覚した前日の六月二九日は、みその売掛金の月末集金日だった。集金を担当した従業員たちの供述から、寝室の戸棚には集金用の袋が八個保管されており、中には現金が計約四六万七〇〇〇円と小切手が計一二枚（額面計約一四万八〇〇〇円）が入っていたことがわかった。そのうち、袋二個は裏木戸と線路との間に落ちていたが、現金八万二三二五円と小切手二枚（額面計一万六九〇〇円）の入っていた袋一個がなくなっていた。

寝室の和簞笥《わだんす》には、指輪、ネックレスや預金通帳、約束手形などが入っていたが、荒らされた形跡はなかった。刃物でメッタ刺しになっている遺体の状況や金品の大半が現場に残されていることから、捜査本部は強盗殺人ではなく、怨恨による犯行の可能性があると見ていた。それを裏付けるように、事件直後の静岡新聞には「えんこん説強まる」の見出しで、「殺してからガソリンなどの油をあちこちにまき、火をつけたとみられ、凶悪な手口から（捜査本部は）『えんこん説』が強いとみている」という記事が掲載されている。

六月三〇日の昼のテレビニュースで事件を知ったひで子さんは「こがね味噌」に電話して、従業員で弟の袴田さんを呼び出してもらった。

「巖、いったい何が起こったんだい？　どういう事件なんだい？」

「強盗だか、何だかわからんがね」

袴田さんは、みそ工場内にある従業員寮に住み込みで働いていたが、週末は両親がいる静岡県浜北市中瀬《なかぜ》（当時）の実家に帰っていた。袴田さんは妻のR子と別居して事実上の離婚状態となっており、間もなく二歳になる長男を実家に引き取り、育てていた。袴田さんは、息子と一緒に実家の風呂に入るのを楽しみにしていた。

二日後の土曜日、ひで子さんが実家を訪れると、自転車で出かけようとする袴田さんが、近所の人と話し込んでいた。その様子を見てひで子さんは胸をなで下ろした。「隣の家の人とにこやかに話していたのを見て安心した。巖は、事件とは関わりがないなと思ってね」

しかし、姉の思いは打ち砕かれ、弟は事件の渦中に放り込まれていく。平穏な日々は長くは続かなかった。

第二章　拷問

袴田さんを犯人視する新聞報道(1966年7月4～5日)

「袴田しかない」

袴田さんは、キャバレー「太陽」で働いていた頃、専属のバンドマンとしてピアノやドラムを演奏していた渡辺蓮昭《はすあき》さん、妻昭子さんの夫妻と親しくつきあっていた。いずれも「太陽」の裏にある従業員寮で暮らしていた。

ボクサーをやめた後、袴田さんは減量生活の反動からか、ぽっこりとおなかが出ていたので、渡辺さん夫妻やバンドのメンバーから「おなかちゃん」の愛称で呼ばれていた。店が休みの日には、袴田さんは、渡辺さん夫妻らと一緒に「こがね味噌」から近い袖師《そでし》海岸で海水浴を楽しんだり、遊園地に行ったりした。

「火事があった翌日の夕方だったと思いますが、清水警察署の警察官三人が私の家に来て『袴田の写真を持っていないか』と言うのでアルバムを見せたら、剝《は》がして持って行きました。おなかちゃんの顔が大きく写っている写真ばかり五、六枚。そのまま、いまだに返してもらってないんです」

捜査員が訪れた日のことを私が聞くと、八九歳になる渡辺昭子さんが、古いアルバムを手に振り返った。剝がされた跡が生々しく残るアルバムの台紙には、一歳になったばかりの渡辺さんの長男を袴田さんが、遊園地であやしている写真などが残されている。

「警察官は、たばこを吸いながら『袴田に間違いないんだ』と決めつけたような言い方をするので、亡くなったうちの主人は『絶対に違う。そんなことをするはずがない』と何度も訴えたのですが、『袴田しかない』と言って聞かないんですよ」

清水署の捜査員が渡辺さん方を訪れた日時について、昭子さんは「確か平日でした。主人が店に出るのが午後七時から八時ごろなので、その少し前だと思います」と言う。事件があった六月三〇日は木曜日なので、翌金曜日の七月一日午後六時前後だと思われる。まだ現場検証も終わっていない時期だ。

渡辺さんと捜査員のやりとりから推測すると、捜査本部は当初から、何の証拠もないまま袴田さんを有力容疑者だと決めつけていたことになる。その理由として、一つには袴田さんが元プロボクサーだったことが挙げられるだろう。

被害者の「こがね味噌」専務、橋本藤雄さんは柔道二段でがっしりした体格の男性だった。捜査本部は、犯人が橋本さんと格闘になったと推定しており、橋本さんを押さえつけることができるのは、格闘家(プロボクサー)のような男に違いないと思い込んだようだ。

それを裏付けるように、静岡県警刑事部が一九六八年二月にまとめた「清水市横砂会社重役宅一家4名殺害の強盗殺人・放火事件捜査記録」(以下、「捜査記録」と略す)の冒頭にある「事件の要旨」には、「住み込み従業員で、ボクサーくずれの被疑者を検挙し」という記述がある。ちなみに、この「ボクサーくずれ」の表現は後にプロボクシング関係者の怒りを呼び起こし、救援活動の起爆剤となる。

ひで子さんは「巖が浜松の人間だから、清水の人間じゃないから、目を付けられたのではないかと思う。同じ静岡県だが、浜松と清水は離れている。言葉も浜松は遠州弁だから清水とは違う。清水の人から見れば、巖は浜松から来た流れ者ですよ」と話す。

清水市横砂は住民の出入りが少ない地区で、旧家は「橋本」「薩川」「滝」という三つの名字が多数を占めている。「こがね味噌」の従業員もほとんどが地元出身者で、その多くが縁戚・姻戚関係でつながっていた。「よそ者」と見られていた袴田さんに、不利な証言をした従業員がいた可能性もある。

ただ、橋本さんには、弟がよくしてもらっていたと、ひで子さんは聞いていた。袴田さんは、着古した英国製の背広を橋本さんからもらったことがあった。橋本さんは、清水次郎長の生家に近い巴川《ともえがわ》河口に、釣りに使うモーターボートを係留していたが、袴田さんは時々、このボートを洗って小遣いを受け取っていた。また、毎日の朝食と夕食は、他の従業員と一緒に橋本さん宅で食べていたので、橋本さんや給仕する妻のちゑ子さんと話をする機会もよくあった。

「専務の父親が病弱だと聞いて、中瀬の実家から地元産のニンジンとゴボウを贈ったこともあったと聞いている」とひで子さんは話す。

過熱する報道

捜査本部は七月四日、事件現場の橋本専務宅から東海道線を隔てて約三〇メートル先にある「こがね味噌」を捜索した。午前六時半から警察関係者以外をシャットアウトして、みそ工場と事務所、従業員寮などをくまなく調べた大規模な捜索だった。

このときに、みそ工場内にある二四基のタンクも捜索した。事件発生から一年二カ月後、このうちの一号タンクのみその中から血痕のあるシャツやズボンなど「五点の衣類」が入った麻袋が見つかり、犯行着衣と判断され、袴田さん有罪の最大の根拠となる。この「五点の衣類」については、静岡地裁の審理をたどる過程で詳しく述べるが、捜査員は一号タンクの中にも入り、残っていたみそを棒で突いて何もないことを確認したことは、ここで明らかにしておきたい。

捜査本部は、袴田さんが同僚と二人で使用している従業員寮の部屋を捜索し、押し入れの布団の上にあったパジャマ上下と作業着、血の着いた脱脂綿やガーゼなどが入った袋などを押収した。

捜索令状の目的品は「雨合羽のフード」だったので、犯行着衣とされたパジャマは、袴田さんが任意提出したことになる。袴田さんは左手の中指に切り傷を負っており、脱脂綿やガーゼは傷の手当てに使用したものだった。消火活動を手伝っている時に切った傷だと袴田さんは説明したが、県警は橋本さんと格闘した際にけがをしたとみた。

袴田さんは日常、スポンジ状のゴムゾウリを履いていた。橋本さん宅で火災が発生した夜も履いており、「自白」に基づいた検察側の冒頭陳述も、このゴムゾウリを履いて橋本さん宅に侵入し、犯行に及んだことになっている。捜査本部は、パジャマなどを押収した三日後、ゴムゾウリを押収したが、血液や油分の鑑定結果は明らかにしていない。犯行現場で履いていたのならば当然、血液が付着していたと考えられるが、それを裏付ける鑑定結果が得られなかったのではないか、と推定される。

袴田さんは、この日の午後、捜査本部に呼び出され、警部派出所で事情聴取を受けた。任意だったが、聴取は午後一一時半ごろまで長時間に及んだ。

袴田さんの事情聴取が始まったころ配達された同日の夕刊に、驚くべき記事が出た。毎日新聞は「清水の殺人放火／従業員『H』浮かぶ／血ぞめのシャツを発見」という三本の見出しで、「捜査本部は、同社製造係勤務、H(30)を有力容疑者とみて証拠固めをしている」「工場のなかにある住み込み従業員のHの部屋のタンスから血のついた半そでシャツを押収した」という内容だった。

静岡新聞は「従業員某(重要参考人)を調べる／有力な証拠品を押収」の見出しで、記事には「工場などの家宅捜索の結果、従業員某のへやから有力な証拠品を発見押収、某を重要参考人として調べている」「某は浜北市の出身で最近まで清水市に下宿し、同市仲町のバーにつとめ、ボクシングの選手だった」などと書かれていた。

両紙の記事は、どちらも匿名になっているが、「H」というイニシャルや年齢、出身地やボクシングの選手という経歴から、袴田さんを指していることは明白だ。実名で報道しているのと変わりがない。さらに、袴田さんは任意の事情聴取を受けただけなのだが、記事はまるで容疑が固まり、すぐにも逮捕するような書きぶりである。報道による著しい人権侵害だと言える。

毎日新聞の記事の見出しにある「血ぞめのシャツ」は、家宅捜索で押収され、後に犯行着衣とされた「パジャマ」を指すとみられる。翌七月五日付朝刊では、「某さんのパジャマの胸、前袖、ズボン前付近に大量の血こんが付着していたが……」(静岡新聞)、「四日夕の特別捜査本部の発表によると、パジャマには大量の血こんがついており……」(毎日新聞)と、報道はエスカレートしていく。毎日新聞の記事によると、県警がこのような「パジャマに血痕」の内容を記者発表していたことになるが、実際は「血ぞめ」も「大量の血こん」もなかったのである。

静岡県警が後にまとめた「捜査記録」には、被害者四人にそれぞれ一〇カ所前後の刺し傷があったことから〈犯人は相当量の返り血をあびているものと考えられた〉という記述がある。ところが、袴田さんの部屋にあったパジャマについては〈血液様のものが付着したこん跡が認められた〉〈肉眼的には血痕らしきものの付着は認めることができなかった〉と書かれている。「血ぞめ」とはほど遠い状態である。

この日から捜査員が、袴田さんをぴたりと尾行するようになった。袴田さんは、「こがね味噌」の近くにあったそば店「武久そば」をよく昼食に利用していたが、捜査員が「袴田が店に来て代金を支払った時は、その金をしまっておいてくれ」と従業員に頼み、紙幣を任意提出してもらうようになった。明らかに、袴田さんを容疑者と決めつけた見込み捜査である。

ひで子さんは七月四日の夕刊を読んで、弟を犯人視するような報道に驚いた。「まるで巖が犯人のような記事が出たので中瀬の実家に飛んで帰ったら、玄関先に記者が大勢押しかけていました」

マスメディアの取材は過熱していき、袴田さんが逮捕されるのを前提にしたインタビューも試みられた。毎日新聞の記者二人は八月四日、袴田さんから二時間にわたって話を聞き、逮捕後に「一問一答」の記事として掲載した。

この記事の中で袴田さんは、県警に事情聴取された時のことを聞かれ、「『お前がやらなくてだれがやるんだ』ともいわれた」「パジャマにちょっと血がついたくらいで色めきたって犯人扱いするんだからたまらないですよ」と答えている。

理不尽な逮捕

捜査本部は八月一八日午前六時過ぎ、「こがね味噌」工場の従業員寮にいた袴田さんを清水署に任意同行した。県警から情報が入っていたのか、工場の前には報道陣が集まっていた。そのカメラの放列の前で袴田さんは、捜査本部の車に乗せられた。捜査本部は同日午後七時三二分、強盗殺人、放火などの容疑で袴田さんを逮捕した。この日から二〇一四年三月二七日に再審開始決定が出て釈放されるまでの約四八年間、袴田さんは身柄を拘束されることになる。

捜査本部は、パジャマを鑑定した結果、被害者の血液型と一致する血液や混合油の付着が確認されたことなどを逮捕理由に挙げた。静岡県警の「捜査記録」によると、県警法医理化学研究室は、肉眼では血痕が認められないパジャマのルミノール反応を調べた後、上着左胸部分、ズボンの左腰と右膝部分を切り取り、細断した上で浸出液に漬けるなどして血液成分を抽出した。その結果、上着の左胸部分にAB型、ズボンの右膝部分にA型の血液が付着しているのを確認したという。被害者の橋本藤雄さんはA型、長男の雅一朗さんはAB型であり、袴田さんの血液型はB型なので、容疑が強まったと考えたのである。

静岡県警は慎重を期すため、パジャマの同じ部分を警察庁科学警察研究所に送り、鑑定を依頼した。「人血の付着は認められるが、血液型は不詳」という回答だったが、〈血液の最も多量に付着していた部分を本県で検査し、科警研で検査したものは血痕の付着量が少なく、検出限度以下であったためにこのような結果を示したものと考えられた〉(「捜査記録」)と判断している。しかし、県警の鑑定結果は極めて脆弱《ぜいじゃく》なものであり、後に公判で弁護側から再鑑定を求められた際、対応に苦慮することになる。

袴田さんが逮捕された日、母親ともさんや長兄茂治さんが住む浜北市の実家や姉ひで子さんが住むアパートも家宅捜索を受け、個々に交番や警察署で事情聴取を受けた。

「浜松の六畳一部屋のアパートに突然、捜査員が来て『強盗殺人、放火』とか書いた家宅捜索令状を見せた。何かの間違いではないかと思いました。狭い部屋に三人も四人も来て、探す所はどこにもない。台所にあった『こがね味噌』のみそ二袋を証拠として持って帰りました。このみそは、巖がみやげに持って来たものです」と、ひで子さんは振り返る。

家宅捜索の後、ひで子さんは浜松中央署へ連れて行かれ、二階の取調室で事情聴取された。

「細長い部屋で、入り口に一人が座って私が外に出られないようにした。そういう調べ方をするのだなと思ったが、私は動揺もしないし、聞かれたことには答えた。昼食にカツ丼をごちそうしてくれたので、ぱくぱく食べましたよ。その頃、巌も調べられていて、逮捕されたのだと思う」

奇妙な遺失物

袴田さんが逮捕される約一カ月前、事件と関係があるとみられる奇妙な遺失物が見つかっていた。七月一九日午前七時四五分ごろ、事件現場から東に約二五キロほど離れた、国鉄(現・JR)吉原駅前の停車場に止まっていた富士急バスの最後部座席に、二つ折りの黒革財布があるのを二〇代の男性客が見つけ、運転手を通じて吉原署に届けた。

財布の中には、現金八万三九二〇円と「こがね味噌」橋本藤作社長名の火事見舞いへの礼状はがき、ライターの石三個が入っていた。事件現場からなくなった集金袋の中の現金は八万二三二五円と見られており、黒革財布にあった現金額に近い。さらに県警が鑑識した結果、一万円札二枚から血液の付着を示すルミノール反応が出た。また、放火とライターの石の関連も考えられた。

はがきには、次のような文言が印刷されていた。

謹んで御案内申し上げます

去る六月三十日早朝出火に際しましては早速ご鄭重なお見舞を賜り厚く御礼申し上げます
早速お伺い申し上ぐべきところ何かととりこんで居りますので失礼ながら書中をもって御礼申し上げます
なお工場は無事でありましたので七月二日から平常通り営業致して居ります。併せて御案内申し上げます

昭和四十一年七月

こがね味噌　金山寺醸造元
合資会社　橋本藤作商店
代表社員　橋本藤作

この当時の高卒公務員の初任給は一万六一〇〇円であり、八万円余は大金と言えるが、落とし主は名乗り出なかった。

礼状のはがきに切手は貼られておらず、宛名を書く所に「ヨウゲン」という謎の言葉が記されていた。未投函の礼状を入手できるのは、印刷会社の関係者か宛名書きを手伝った「こがね味噌」の従業員、橋本藤作さんや家族らが考えられるが、捜査本部は、従業員らではなく礼状を送った先の一三三人を調べただけで「遺失者を発見できなかった」として、早々に捜査を打ち切ってしまった。

落とし主がわからないまま黒革財布は六カ月後、発見した男性に譲渡され、拾得物の関係書類は

一年後に焼却された。こうして事件解明につながるかもしれない重要証拠は失われてしまったが、なぜ捜査本部はこの事案を追及しなかったのだろうか。

捜査員が交代で尾行していた袴田さんは、この財布が見つかった日時に吉原駅に行った形跡はなかった。つまり、捜査本部が犯人だと決めつけていた袴田さんと黒革財布とは関係がないとわかった。「袴田犯人説」にとってはむしろ障害になるため、捜査を打ち切ったのではないだろうか。

過酷な取り調べ、手薄な弁護

静岡県警清水署の捜査本部は、逮捕した袴田巖さんの本格的な取り調べを始めた。清水署一階にある第一取調室は六畳間ほどの部屋で、車の往来が激しい国道に面しており、冷房設備はなかった。残暑が厳しい季節に、車の騒音が絶えない蒸し風呂のような密室で、取調官が交代で長時間、ひたすら「自白」を強要した。

袴田さんが留置場を出入りした時刻を記録した「留置人出入簿」によると、取り調べがいかに長時間だったかがわかる。逮捕当日の一九六六年八月一八日は、午前六時四〇分の事情聴取開始から逮捕状執行を挟み午後一〇時五分まで、食事時間を除き取り調べは一三時間八分に及んだ。翌日以降も午前八時半ごろから午後一一時過ぎまで連日一二時間を超えた。

取り調べが終わり、深夜に留置場に戻ってからも、疲れを癒やすことはできなかった。後に静岡地裁第二二回公判（一九六七年一二月八日）の被告人質問で、袴田さんはこう述べている。

「留置場に戻されまして、床につくんですが、かわるがわる酔払いを連れてきまして、隣の部屋に入れまして、それが一晩中騒いでいるんです。どなったり、叩いたり。それが、清水の留置場は地下みたいなところで上までがんがん響いて寝られる状態ではないです」

逮捕されてから間もなく、体がむくむようになり、寝不足から持病の蓄膿症《ちくのう》が悪化して中耳炎を起こし、耳から膿《うみ》が出るようになった。

取り調べとは対照的に、袴田さんの家族が依頼した斎藤準之助弁護士らが接見した時間はわずかだった。八月二二日に七分、八月二九日に一〇分、九月三日に一五分、三回で計三二分だけである。

逮捕された容疑者には、弁護士など外部の者と面会できる権利（接見交通権）があるが、この当時、弁護士は検察官に連絡し、検察官から接見を認める日時・時間を記載した「具体的指定書」の交付を受けて接見していた。俗に「面会切符制」と呼ばれ、検察官に連絡がとれないとか、容疑者を取り調べ中などの理由で、接見できないケースも多かったが、それにしても斎藤弁護士らの接見時間は短すぎる。これでは、弁護人選任の手続きをするだけで面会は終わってしまう。違法な長時間の取り調べに対抗する手だてをとることは、ほぼ不可能である。「面会切符制」で検察官から接見を制限されようとも、もっと足繁く清水署に通って、何度も面会を求めるべきだっただろう。接見がないのに等しかったため、袴田さんは孤立無援の状態で、強大な力を持つ捜査機関と一人で対峙《たいじ》することになってしまった。

さらに、袴田さんが起訴された後も、弁護士が接見した回数は少なかった。起訴後は面会切符制のような制限はなくなるが、弁護士が積極的に袴田さんの面会に行き、公判に備えたという姿勢は見られなかった。

勾留期限の一〇日の間、袴田さんは頑強に否認を続けたことから、静岡県警は八月二九日、静岡市にある県警の寮「芙蓉荘《ふようそう》」に、高松敬治本部長、沢口金次清水署長、奥之山茂夫刑事部長、池谷真二捜査一課長ら幹部が集まり、検討会を開いた。

「捜査記録」によると、袴田さんの取調官にこれまでの経過を報告させ、今後の対策を検討した結果、〈取調官は確固たる信念を持って、犯人は袴田以外にはない、犯人は袴田に絶対間違いないということを強く袴田に印象づけることにつとめる〉ことを確認したという。

静岡地検は袴田さんの勾留延長を請求し、八月三〇日に静岡地裁は、九月九日まで一〇日間の延長を認めた。袴田さんを取り調べていたのは、主任取調官である捜査一課強力《ごうりき》担当課長補佐の松本久次郎警部、係長の岩本広夫警部補、松本義男巡査部長、森田政司巡査部長の四人だった。強力担当というのは、強盗事件や殺人事件などの凶悪事件の担当者を指す。

芙蓉荘での検討会議の後、この四人に、天竜署次長の羽切平一警部と三島署刑事課長の小倉一男警部の二人が取調官として加わった。羽切警部は、静岡県警発足前の一九四八年から五四年まで存在した国家地方警察(国警)静岡県本部時代から捜査幹部だったベテランだ。六四年に天竜署次長に異動するまで、一五年以上にわたり、捜査一課強力担当の係長や課長補佐を務めた。

小倉警部は、羽切警部が捜査一課の課長補佐時代に、強力担当の係長を長年務め、羽切氏を支えてきた。袴田さんの主任取調官となった松本久次郎警部は、羽切、小倉両氏が捜査一課にいるころ、静岡中央署刑事課係長や鑑識課の課長補佐などを務め、天竜署勤務になった羽切氏の後任として、捜査一課の強力担当課長補佐となった。

羽切警部らが加わって以降、取り調べは過酷さを増していった。九月四日には、袴田さんが「小便に行きたいです」と訴えても、取調官は「返事をしなさい」と言って取り合わなかった。しばらくして便器を部屋に持ち込み、袴田さんはようやく用を足すことができた。この日の取り調べは、実に一六時間二〇分に及んだ。

意識もうろうで「自白」

勾留期限三日前の九月六日、袴田さんはついに犯行を「自白」した。この日は疲れ切って頭痛がひどく、めまいもしたという。袴田さんは、静岡地裁の第二二回公判でこう述べている。

――（検察官）本件犯行を認める供述をしたのはどういうわけですか。

「私が長期的な調べで体も疲れきってほとんど寝られないような状態で、その朝九月六日だと思いますが、いつもと同じように引っ張り出されまして、そしていつにも増してテーブルをぶったたいたり怒鳴ったりで、私は頭が痛くてめまいもするし、とても疲れちゃって『午前中休ませてくれ』と頼んだです。

ところが駄目だと、認めりゃ休ましてやる、こう警察官が言いまして、私が目を開いたら調べ室がぐるぐるまわり出したもんですから、テーブルに手をついて、手をつくだけでも転びそうだったものですから頭を突っ伏していると、テーブルを叩いて『なんだその態度は』とテーブルどんどん叩いて言うので、静かにしてもらいたいから『昼からあんた方の言うように認めるから午前中休ましてくれ』と言ったのが一〇時頃ではないかと思うんですが、そう言ったら一人の刑事があせって表に飛び出して行きました。

それだけ知っていますが、私はしばらく眠ったようになりまして突然『袴田』と叩き起こされました。おぼろげながらひょっと見たら『ここへ名前を書け』そう言うものですから、私もとにかく静かにしてもらいたかったので、頭がズキズキしてたので、名前だけ書いて突っ伏してたら、私の手を持って指印を押してそのまま出て行ったです。それが午前一一時ちょっと過ぎ頃じゃないかと私は考えています」

――(裁判長) 警察官の名前はわかっていますか。

「松本警部だと覚えています。それで朝の調べ官は松本部長刑事、森田部長の二人で、調書を取ったのは松本警部だと思います」

――あんたの手を取ってはんこを押させた人がそうだというわけか。

「松本警部です」

この日の被告人質問では、袴田さんが自供調書であるという認識なしに署名したことが、さらに詳しく述べられている。

――（検察官）何かわからんものに署名したと言いましたけれども、全然わからなかったですか。犯罪を認めたことが書いてある書類じゃなかったですか。

「全然そこで書いたわけでもなんでもないし、『袴田』と起こされて『名前を書け』と前にポンと置かれて」

――どういう紙に名前を書いたですか。供述調書と頭にある紙じゃないですか。

「そこまでよくわからなかったです。何か書いてあったと思いますが、何が書いてあったかわからないです」

――それは読んで聞かしてくれなかったですか。

「聞かせません」

――あんたは自分で見なかったですか。

「僕はボーッとして静かにしてもらいたかったから、とにかく書かなきゃしょうがないからというので書いたです」

――あなたとしては自分で犯行を認めたという意識はあったんですか。

「ありません」

――どういう書類に署名するという意思で署名したんですか。

「意思はありません。少しでも休ませてもらいたいから出てきたものに名前書いて『もうしばらく休ませてくれ』と言いました」


この袴田さんの証言に対し、供述調書を取った松本久次郎警部は、静岡地裁の第一三回公判（一九六八年一月一九日）で、次のように述べている。


――（検察官）この日（九月六日）あなたが調べを始めたのは何時ごろですか。

「午前一〇時一〇分からです」

――それからどんなふうになりましたか。

「控えにおりますと、森田部長が『被疑者が自供しているから、一つ調書を取ってもらいたい』ということで飛んでまいりましたので、私は出かけて行きまして、当時第一取調室で取り調べをしていたわけですが、私が行きますと、机の前に腰かけて涙を流しながらうつむいておりまして、『袴田、本当にやったのか』と言ったところが、『長い間迷惑をかけて誠に申し訳なかった』と、『専務一家を殺したのは私に間違いありません』と自供したので、私はそのまま第一回の供述調書二通を取りました」

――あなたが無理やりに署名、指印をさせたり、あるいは暴力を加えて供述させたり、そういうことはありませんね。

「そういうような事実はございません」

――それから指印について、署名もそうなんですが、本人が自分からしたものであることは間違いないですね。

「はい」

――相手の手をつかんで指印させたようなことはありませんね。

「ありません」


袴田さんは九月六日午前に「自白」した後、少し休ませてもらい、めまいが収まったので同日午後、取調室に出た時に岩本警部補を呼び「私はやっていないんだ」と言った。だが、岩本警部補は「何を言ってるんだ。午前中にちゃんと認めているじゃないか。この上、否認なんかすりゃあ、おまえのおふくろも、きょうだいも留置して調べる」などと言って、まったく否認を受け付けなかった。

袴田さんは、母親やきょうだいらを引き合いに出されたことについて、「こういうようなことを言われたことは自分としては一番、身に応えたです」と公判で証言している。その後は、取調官が作成した供述調書に、袴田さんはひたすら署名を求められた。被告人質問では、次のように述べている。

「要するに調べというよりは、とにかく名前さえ書けばこれですぐに終わることなんだ、書かなきゃいつまでもそこでもって責められて時間が長引くということでした。それで一つのことについて半日も一日もかかってやらなきゃならんときもあったし、警察でいうことを私が黙って名前さえ書けば早く終わったわけです」

――(検察官）調べの状況は自供前と変わってきましたか。

「むしろ直後はひどくなりましたね。また頭の毛をつかんで殴るまねをしたり、僕の前に何かしら書いて『名前を書け』と言って出し、ボールペンを乗せて、そのボールペンを僕が持たないとテーブルを叩く、また持たないと髪の毛をつかんで引き寄せて殴るまねをする」

――その他に自供以降調べの際におどされたということはありましたか。

「名前を書くときにはいつも多いか少ないか、おどかされていました。名前書けと言って」

不審な郵便物に焼けた紙幣

このようにして、静岡県警の取調官や検察官は、袴田さんの供述調書の枚数を増やしていった。

その中には、袴田さんが、奪った八万円余の現金をみそ工場の大きなみそ樽の下に隠したという供述もある。「自白」によると、このうち約二万五〇〇〇円は、二回に分けて浜北市の実家に持って行き、いろいろと使った。残りの金のうち五万円は知り合いのF子の家に持って行き、「僕の銭だけど取りに来るまで預かっておいてください」と言って預けたという。F子は一時期、「こがね味噌」に勤めていたことがあり、袴田さんや同僚と慰安旅行に出かけたこともあった。

郵便局に届いた焼けた紙幣．左側に「イワオ」と書かれていた（提供：小川秀世弁護士）

五万円を預けたという袴田さんの「自白」があった数日後の九月一三日、清水郵便局の男性局員が、机上に白い封書があるのを目に留めた。表をよく見ると、鉛筆の薄い小さな文字で「シミズケイサツショ」と書かれていた。差出人は不明で切手も貼っていないため、「事故郵便物」として処理しようと考え、局員は同僚に立ち会ってもらった上で、封筒の最上部をハサミで切り、中身を取り出した。

封筒に入っていたのは、一万円札三枚、五〇〇〇円札二枚、一〇〇〇円札一〇枚、五〇〇円札一枚、一〇〇円札二枚の計五万七〇〇円の現金と便箋一枚だった。紙幣はいずれも左上と右下が焼失しており、数字とアルファベットを組み合わせた「記番号」が消されていた。また一〇〇〇円札二枚には、カタカナで「イワオ」と書かれていた。

便箋には「ミソコウバノボクノカバンノナカニシラズニアッタツミトウナ」という文字が記されていた。漢字とひらがな交じりの文章に直すと「みそ工場の僕のかばんの中に知らずにあった。罪問うな」と読める。

この事故郵便物について、郵政監察官が調べた結果、九月一一日昼から一三日朝までの間に、郵便局に集められた郵便物であることが判明した。清水郵便局は、「イワオ」と書かれた焼けた紙幣や便箋の「ミソコウバ……」の文章などから、「こがね味噌」専務宅の強盗殺人、放火事件と関連があるかもしれないと考え、静岡県警に届けた。

この謎の封書が見つかった翌日の九月一四日、捜査本部は、恐喝の疑いで、袴田さんが五万円を預けたとされたF子を逮捕した。容疑は、F子が勤める店の同僚女性を脅したというものだったが、二三日には、贓物《ぞうぶつ》寄蔵の容疑で再逮捕した。贓物は、窃盗や強盗などの被害にあった他人の財物のことを指す。これを無償で譲り受けたことで罪に問われたのだ。つまり、袴田さんが強盗殺人で奪った五万円をF子が預かり、清水郵便局宛てに送ったとみたのである。

F子は、五万円を預かったことも、郵送したことも否認し、二七日に釈放された。後に袴田さんの公判でも、全面否認する証言をしている。これに対し、捜査本部は、封筒や便箋、一〇〇〇円札に書かれた文字と、F子の自宅や勤務先で押収した手紙やノートにある文字が同じかどうか調べるため、県警鑑識課で筆跡鑑定したところ、一致するとの鑑定結果が出た。さらに、検察官が依頼した科学警察研究所の鑑定も「同一人の筆跡と認められる」という結論だった。少ないカタカナだけで確かな筆跡鑑定ができるのか不明だが、検察側の冒頭陳述には、F子が五万円を預かり、贓物寄蔵の罪に問われるのを恐れて匿名で郵送したと記されている。

しかし、清水郵便局で見つかった事故郵便物には、多くの不審点がある。袴田さんの「自白」によると、犯行後、血まみれの手で札束を持ったことになっているが、封筒内にあった紙幣にはどこにも血痕はなかった。紙幣の「記番号」を焼いて消し、一〇〇〇円札に「イワオ」と書かれている理由も不明だ。そもそも、深い仲でもない知人女性に、犯行で奪った大金を預けるということ自体が荒唐無稽《こうとうむけい》である。この謎の紙幣の件は、検察側が冒頭陳述で取り上げただけで、真偽も不明のまま放置されてしまった。

「拷問王」と四件の冤罪事件

袴田さんは、取り調べ中に小便に行きたくなっても取調官が認めず、苦しめられたが、同じような取り調べ体験を訴えた元死刑囚がいる。「島田事件」で死刑確定後、再審無罪となった赤堀政夫さんである。

静岡県島田市で一九五四年三月一〇日、幼稚園で遊んでいた六歳の女児が行方不明になり、三日後に山林から絞殺体で見つかった。静岡県警は五月二八日、別件の窃盗容疑で赤堀さんを逮捕、静岡地検は殺人と強姦致傷の罪で起訴した。裁判で赤堀さんは「警察官に拷問され、虚偽の自白を強要された」と一貫して無実を訴えたが、静岡地裁は一九五八年五月、死刑を言い渡し、一九六〇年一二月に最高裁で確定した。

確定死刑囚となった赤堀さんは、一九六一年から六六年にかけて計三回、再審請求したが、いずれも棄却された。さらに一九六九年五月、第四次の再審請求を申し立て、七四年一二月には、静岡地裁に上申書を提出した。

赤堀さんは幼い頃に罹患《りかん》した脳膜炎の後遺症で軽い知的障害があった。上申書の文章はカタカナとひらがなが混じり、たどたどしいが、警察官から受けたひどい仕打ちについて訴える心情が伝わってくる。一部を引用する。

「私ノ体ヲゲンヂュウニトリマイテイル大ゼイノ調べ官の人たちがニギリコブシト、平手デ力一パイ私のカオ、頭体腰足をナグルケリツケル両方のウデヲツカマエマシテ逆ニネジマゲタリシテ両方の耳をツカミマシテハ逆ニネジマゲタリシタノデス」

ここまでは直接的な肉体への暴力について記している。さらに、取調官が便所へ行くことを許さず、精神的にも追い詰められていく様子が書かれている。

「一六時間の間ひだは一度も私には便所へはいかせてはくれないのです。調べ中のときにですスワッタママデ私ハ小便ヲモラシタノデアリマス。余りにもヒドイ、ザンギャクナ、ムゴイ、ゴウモンデ攻メルのです。私は人ゴロシハヤッテハオリマセンデス。罪ハ犯シテハオリマセンデス」

袴田さんの取り調べに駆り出された天竜署次長の羽切平一警部は、この島田事件の捜査主任だった。国家地方警察(国警)静岡県本部の職員録を見ると、羽切氏は当時、刑事部捜査課で強盗や殺人事件を担当する強力係長だったことがわかる。

袴田さんは、羽切警部が取調官に加わった九月以降、便意を悪用した「自白」の強要を受けるようになった。公判では次のように述べている。

「九月に入ってからは(小便を)やらせないことが多かったです。まともにやらしちゃくれなかったです。いよいよ困ると、調べ室へ便器を持って来まして『調べ室の隅でやれ』と言って、やりました。毎日そうだったです」

赤堀さんが「一六時間の取り調べの間、便所へ行かせてくれなかった」と訴えた取り調べと袴田さんの取り調べが、酷似していることに驚かされる。島田事件の捜査主任だった羽切氏は、赤堀さんを「自白」に追い込んだ手法を袴田さんの取り調べにも持ち込んだと思われる。

赤堀さんの第四次再審請求は一九八六年五月に認められ、八九年一月、静岡地裁で開かれた再審公判で無罪が言い渡された。

島田事件の前にも静岡県では、死刑判決が出た後、無罪になった強盗殺人事件が二件あった。幸《さち》浦《うら》事件と二俣《ふたまた》事件である。さらに、無期懲役の判決が無罪に覆った強盗殺人事件、小島《おじま》事件も起きている。こうした冤罪事件が静岡県で相次いだ背景には、国警の紅林《くればやし》麻雄警部補の存在があった。

紅林警部補は、幸浦、二俣、小島の三事件の捜査を指揮し、島田事件も途中から捜査陣に加わっている。羽切氏は、紅林警部補の直属の部下で、幸浦事件では共に捜査に当たっている。

幸浦事件は、一九四八年一一月、静岡県幸浦村（現・袋井市）の自営業の一家四人が姿を消し、絞殺されて土中に埋められていたことが発覚した強盗殺人事件だ。死刑判決を受けた四人の男性は、手や耳に焼き火箸を押しつけられる拷問を受け、警察官が事前に書いた「自白」調書を四人に無理やり承諾させていた。絞殺遺体は、供述の「秘密の暴露」によって発見されたとされたが、遺体遺棄場所に発掘前から目印が付いていたことが判明し、警察が事前に遺棄場所を知っていて供述でわかったように見せかけていたことが明らかになった。

二俣事件についても概要を記しておく。静岡県二俣町（現・浜松市天竜区）で一九五〇年一月、親子四人が刺殺され、現金が奪われる強盗殺人事件が起きた。国警の紅林警部補は、近所に住む一八歳の須藤満雄さんに目を付け、別件の窃盗容疑で逮捕し、四人殺害を厳しく追及した。須藤さんは、外部に音が漏れない二俣署裏の土蔵に押し込められ、殴る蹴る、引きずり回すなどの拷問を受けた。四日後、須藤さんは「四人を殺害した」と「自白」し、虚偽の供述調書が作成された。

須藤さんが死刑を求刑されたのを知った捜査員の山崎兵八《ひょうはち》巡査が良心の呵責《かしゃく》に耐えかねて、拷問の事実を読売新聞社に告発した。法廷でも弁護側の証人として「拷問による自白の強要や供述調書の捏造があった」と証言した。

これに対し、警察は山崎氏を偽証罪で逮捕した。さらに精神鑑定で名古屋大医学部の乾憲男《いぬいのりお》教授が「妄想性痴呆症」と診断したため、検察官が偽証罪を不起訴にした上で、警察は山崎氏を懲戒免職にした。山崎氏は、精神疾患を理由に運転免許証も取り上げられたため、再就職先も見つからず生活に困窮する。

一方、須藤さんは一、二審で死刑判決を受けたが、著名な弁護士の清瀬一郎氏が弁護を引き受け、最高裁に上告した。清瀬氏は弁護士から政界入りし、戦前は衆院副議長を務め、極東国際軍事裁判（東京裁判）では東条英機被告の主任弁護人を務めたことで知られる。

「拷問による自供調書を証拠から排除したうえで、犯罪の証拠がなければ被告を釈放し、憲法と刑事訴訟法の精神を守れ」という清瀬氏の訴えを受け入れ、最高裁は原判決を破棄し、静岡地裁は再審公判で一九五六年、無罪判決を下した。

難事件を次々と解決する「名刑事」ともてはやされた紅林氏は、二俣、幸浦両事件で死刑判決が相次いで破棄され、無罪が確実視されると、一転して「拷問王」と呼ばれるようになり、吉原署の駅前派出所勤務に左遷された。島田事件の捜査からも離れ、羽切氏が捜査を主導することになった。

二俣事件の真相を暴露した山崎氏は一九六一年、不審火によって自宅が全焼する被害を受けた。火事の直前、長靴をはいた男が家に入るのを小学三年生の次男が目撃し、警察に証言した。だが、逆に次男が火をつけたとして補導されそうになり、不審者の捜査は行われなかった。この火事で山崎氏が集めていた多くの事件資料が焼失したという。

山崎氏は晩年の一九九七年、『現場刑事の告発　二俣事件の真相』という手記を自費出版する。同書には、山崎氏が真犯人だと確信している人物を実名で記し、この人物の妻が紅林警部補に大金を渡すところを部下が目撃したと書いている。

また、紅林警部補が捜査会議で、証拠もないのに真犯人は須藤さんであると断定する場面が同書にある。紅林氏は集まった捜査員を前に「諸君の中で犯人では無いのではないか、と言う疑問がある者が出てきたならば、この捜査は崩れてしまう。諸君は須藤は真犯人であると言う信念を持って捜査に従事してもらいたい」と述べた。

この発言は、静岡県警の捜査幹部が開いた、袴田さんの取り調べに関する検討会の結論と酷似している。〈取調官は確固たる信念を持って、犯人は袴田以外にはない、犯人は袴田に絶対間違いないということを強く袴田に印象づけることにつとめる〉。「捜査記録」には、こう記されている。

赤堀さんは、拘置されていた仙台拘置支所から鈴木信雄弁護士に出した手紙に「ヒドイ拷問をやりました主な人たちは次の通りであります」として一〇人ほどの警察官を挙げているが、その中に「紅林、羽切」の名前がある。

袴田さんは、死刑が確定した後の一九八三年二月八日、東京拘置所で日記にこう記した。

「私に対する取調べは人民の尊厳を脅かすものであった。殺しても病気で死んだと報告すればそれまでだ、といっておどし罵声をあびせ棍棒で殴った。そして、連日二人一組になり三人一組のときもあった。午前、午後、晩から一一時、引続いて午前二時頃まで交替で蹴ったり殴った。それが取調べであった。目的は、殺人・放火等犯罪行為をなしていないのにかかわらず、なしたという自白調書をデッチ上げるためだ」

第三章　捏造

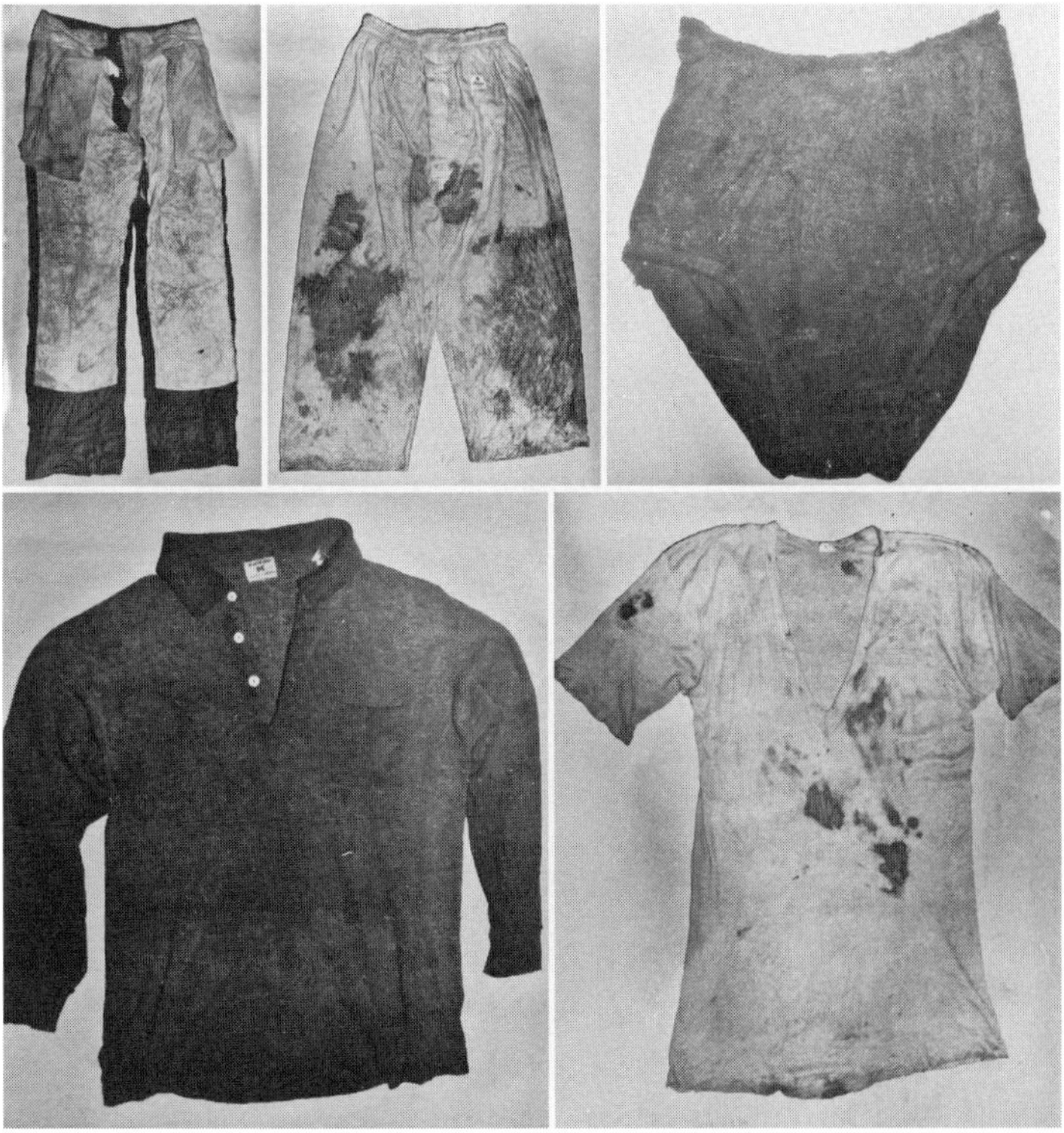

事件の１年２カ月後にみそタンクから見つかった５点の衣類（提供：山崎俊樹さん）

みそタンクから「五点の衣類」

事件発生から四カ月半後の一九六六年一一月一五日、強盗殺人、放火などの罪に問われた袴田巖さんの初公判が開かれ、罪状認否で袴田さんは「私は、やっておりません」と起訴内容を全面否認した。

吉村英三検事は、冒頭陳述で犯行の内容を次のように述べた。

六六年六月三〇日午前一時二〇分ごろ、袴田はパジャマのズボンの腹に、沼津市の菊光刃物店で買ったくり小刀を差し込み、ゴムゾウリを履いて従業員寮から工場に出た。パジャマのままでは白っぽくて人眼につきやすいと思い、出入り口脇の三角部屋にあった雨合羽を着て、線路を横切って橋本藤雄さん宅の裏木戸まで行った。

裏木戸が閉まっていたので、隣家の木に登って屋根に降り、屋根を伝って中庭に降りた。少し開いていたガラス戸から家の中に入り、いつも集金袋が置いてある応接間の奥の部屋に行ったが見つからなかった。雨合羽を着ているとごわごわと音がするので、いったん外に出て、くり小刀の鞘を抜いて雨合羽のポケットに入れ、庭先に脱ぎ捨てた。再び、橋本さん宅に侵入して金銭を物色中、橋本さんに見つかり、裏木戸付近で格闘の末、くり小刀で胸などを何度も突き刺した。物音に気づいて起きた橋本さんの妻ちゑ子さん、長男雅一朗さん、次女扶示子さんの三人も殺害しようと決意して次々とくり小刀で突き刺した。集金袋を三つ奪ったが、裏木戸の隙間から外に出て走って逃げる際、二つの袋を落とし、八万二三二五円などが入った袋だけを握って工場に戻った。

それから、犯行を隠蔽《いんぺい》するため、三角部屋にあった石油缶の混合油をみそ用のポリ樽に入れ、再び裏木戸から橋本さん宅へ行き、四人に混合油を振りかけ、仏壇付近にあったマッチで火をつけ、橋本さん宅を全焼させた——。

検察官は、静岡県警の「捜査記録」に〈血痕らしきものの付着は認めることができなかった〉と書かれたパジャマを犯行時の着衣とし、四人に肋骨切断を含む計四〇カ所以上の傷を負わせた凶器が木工細工用の薄刃の小刀だと主張したのだ。動機は、袴田さんがアパートを借りて母親と子どもの三人で住みたいと思っており、そのアパートの敷金や権利金にする金を盗む目的だったと述べた。

検察側は、一カ月後の第二回公判で、袴田さんの部屋から押収したパジャマと作業着、工場裏から見つかった手ぬぐい、くり小刀、雨合羽、裏木戸の近くに落ちていた二つの集金袋など、三四の証拠物件を申請したが、袴田さんはパジャマと作業着は自分の所有物だが、他の証拠品はすべて知らないと答えた。

検察側は、第一一回公判（一九六七年五月九日）で、静岡県警法医理化学研究室の技師を証人尋問した。同研究室は鑑定の結果、パジャマに血液と混合油の付着があったと判断し、これが袴田さん逮捕の要因となった。

法医理化学研究室の篠田勤室長補佐は、被害者の衣類とパジャマに付着していた混合油と、みそ工場にあった混合油をガスクロマトグラフィーで分析した結果、いずれも同種類だとわかったと証言した。

また、鈴木健介技師は、パジャマと作業着、工場で見つかった手ぬぐいなどを分析した結果、パジャマからAB型、作業着からB型、手ぬぐいからAB型の血液を確認したと証言した。

弁護側は第一六回公判(一九六七年九月五日)で、パジャマや作業着などの油分と血液について再鑑定を求めた。袴田さんは翌六日付の母への手紙に、こう記している。

「さて、昨日の公判で、すべての証拠の再鑑定の申請を致しました。このときに検事は、再鑑定は反対だと述べました。理由は、油も血液も今は付いていない、と。元より付いていないのだ。(略)次回公判は九月二二日、今度からは弁護側の証人調べになります。検事は大分困ってきました。種々細かく掘り下げていくと、おもしろい点が方々に出てきます」

袴田さんは中学校卒業後に働き出したが、裁判の進行を分析した的確な文章から、姉のひで子さんと同じように優秀さがうかがえる。

検察側が重要証拠とみなしているパジャマを再鑑定し、血液も混合油も検出されないという結果になれば、袴田さんが無罪となる可能性が高まる。手紙の文面から察すると、袴田さんもそうなることを期待していたようだ。ところが、弁護側が再鑑定を求めた数日前に、驚くべきことが起きていた。

八月三一日午後三時四〇分ごろ、「こがね味噌」のみそ工場にある一号タンク内で従業員の水野源三氏が、赤みそを搬出する作業をしていた。みそをすくい上げていたスコップの先が引っかかったので、よく見ると、みその中に丸めたような形になった麻袋があった。袋を開けたところ、鉄紺色のズボン、ステテコ、緑色ブリーフ、灰色スポーツシャツ、白色半袖シャツの五種類の衣類が入っていた。いずれの衣類にも血痕がついていた。

水野氏は二階事務所にいた市川進総務課長を呼び、血に染まった「五点の衣類」を確認してもらい、市川氏が清水署に電話で連絡した。約三〇分後、清水署刑事係長の春田竜夫警部補ら三人の警察官が到着。衣類を調べたところ、ズボンの左ポケットに一巻きの絆創膏《ばんそうこう》とマッチがあるのを見つけた。マッチの箱の両面には「王こがねみそ」「こがねの金山寺」と印字されていた。

5点の衣類が見つかった1号タンク(提供:山崎俊樹さん)

一号タンクは、コンクリート製の升形で、間口は二メートル三センチ、奥行きは二メートル二九センチ、深さは地上部分が七六センチ、地下に埋まっている部分が九一センチで計一メートル六七センチあった。麻袋は、タンクの底の部分で見つかった。夕方に近い時刻で自然光は届きにくく、タンク内は暗かったとみられる。さらに衣類はみそ漬けで変色しているため、血痕の確認は容易ではないと思われるが、水野氏は一七回公判（一九六七年九月一三日）で、見た途端に血だとわかったという証言をしている。

――（検察官）その場所（タンク内）で開けてみたのですか。

「はい。こんなものが入っているわけがないと思って広げてみると、中から血の付いたものが見えたのです」

――中から取りだして見たのですか。

「はい、タンクの中で一度見ました」

――一見して汚れていましたか。

「はい、素人が見ても血だということがわかりました」

静岡県警は九月一一日、血痕のついた「五点の衣類」を新証拠として静岡地裁に申請した。さらに翌一二日、浜北市中瀬にある袴田さんの実家を家宅捜索し、たんすの引き出しからズボンの裾上げで切ったような端切れを押収する。捜査本部は、この端切れは、みそタンクから見つかった鉄紺色のズボンから切り取った布なので、「五点の衣類」の血染めのズボンが袴田さんのものであると主張した。

これに対し、捜索に立ち会った袴田さんの母親ともさんは公判で、端切れについて「そういったものを私は一度も見ませんでした。（捜索時に初めて）警察官が引き出しの中にあったと言って、私の前へ見せました」と述べている。

端切れ発見のいきさつはどのようなものだったのだろうか。「袴田巖さんの再審を求める会」代表の平野雄三さんは一九九三年一〇月、袴田さんの実家を捜索した清水署の岩田竹治刑事係長から話を聞き、報告書にまとめて再審請求審に提出した。その報告書には次のように記されている。

一九六七年九月一二日、岩田係長が実家に着くと、主任取調官だった静岡県警捜査一課の松本久次郎警部が一時間も前に、すでに家に上がり込んでいた。岩田氏の捜索目的は、ズボンのベルトと手袋だったが、見当たらなかった。すると、松本氏から「たんすの引き出しを調べてはどうか」と言われ、引き出しを見ると、端切れが入っていた。松本氏は「これが見つかったズボンの端切れに違いない」と言って、袴田さんの母親から任意提出を受けた。ズボンのベルトと手袋は発見できなかったが、松本氏は「端切れが見つかったのだから、今日はこれで捜索を終わりにしよう」と言った——。

主張を変更する検察

次の公判は九月二二日開廷の予定だったが、一三日に臨時の公判が急遽《きゅうきょ》開かれた。検察側は「五点の衣類」を証拠として提出し、犯行着衣をパジャマから「五点の衣類」に変更した。それに合わせるため、冒頭陳述も一部、訂正した。具体的には、冒頭陳述の雨合羽を着る前の記述「パジャマのままでは白っぽくて人眼につきやすいと思い」と、犯行後の記述「風呂場に入りまたパジャマとパンツを脱いで電気洗濯機を使ってもう一回洗ったので血や油が付いていたとしても残らないと考えた。そして洗った」を削除したのだ。

そして、犯行着衣の「五点の衣類」を脱いでパジャマに着替えたため、衣類に付いていた被害者や袴田さんの血と混合油がパジャマにも付いた。脱いだ犯行着衣を持って部屋から下に降り、工場内にあった麻袋に入れて一号タンクの中に隠した、という内容に変更した。

これまで犯行着衣はパジャマだとして立証を続けてきたので、パジャマに血液や混合油が付着した理由も付け加える必要が生じた。このため、袴田さんは犯行のさなかに「五点の衣類」を脱いでパジャマに着替えたことになった。

九月一三日の臨時公判には、「五点の衣類」を見た従業員たちが出廷し、捜査本部や検察側の主張を補強するかのように、衣類が袴田さんのものであるという証言をした。例えば、第一発見者の水野源三氏は次のように述べている。

——(検察官)あなたは、それを見てすぐ袴田のものだと思ったのですか。

「はい、というのは、グリーンパンツを普段見たという印象が深かったからです。スポーツシャツも僕が宿直の時など、袴田さんが外出する時、着ていたのを見ていますし、ステテコも見ています。V型の半袖シャツで袴田さんが仕事をしていたのも見ています。ズボンなんかも、部屋に掛けてあるのを見ています。あれかどうか知りませんが、ああいうズボンで仕事をした時のことも覚えています」

警察に通報した総務課長の市川進氏の証言はこうだ。


——（検察官）衣類自体を自分の目で見て誰のものとわかったのはどれですか。

「グリーンのパンツです。特殊なものですから」

——それを見て袴田のものだと思いましたか。

「思いました」

——それはどういう点からですか。

「事件のあった昨年六月三〇日の前に、袴田は昼休みに寮で将棋をやるんです。私も二、三回やったことがあり、その時見たと思います」

——グリーンのパンツを履いているのは工場の従業員では袴田だけですか。

「そうです」

——他にいくらもグリーンのパンツを持っている人がいるのではないですか。

「恐らく工場内においては袴田以外にはいません」

――工場内で見たことがないというだけであって、袴田のものであると断定できないのではないですか。

「将棋をしている時に見ていますから袴田のものだと思うのです」


検察官は、執拗に緑色のブリーフ（グリーンのパンツ）について質問し、これが袴田さん所有のものである、という印象を強めようという意図がうかがえる。一方、袴田さんは、「五点の衣類」は自分のものではないと否定した。その理由として、衣類をクリーニング店に出していたため、店側がシャツやズボンに「ハカマタ」のネームを書き入れていたことを挙げた。鉄紺色のズボンに関する法廷でのやりとりは次のとおりである。


――（検察官）汚れた状態は別にしてあなたの持っていたもの（ズボン）はこれと同じですか。

「違うと思います」

――どうして、そういうことが言えますか。

「名前が入っていないということが第一です」

――あなたのズボンには名前が入っていたのですか。

「入っていました」

――どこに入っていたのですか。

「ここです」（腹の折り返しの左角のボタンがある付近を示す）

――それは誰が何と入れたのですか。

「袴田《ハカマタ》とクリーニング屋で入れてくれたのです」

――これには名前が入っていないから違うと思うというのですか。

「違うだろうと思います」


袴田さんは、自分の所有する着衣ではないものが発見されたことから、逆に真犯人が動きだし、有利になったと思った。母親のともさんに宛てた手紙には次のように心境を書いている。

「去る一三日に、ご存じの通り急に公判が開かれました。検事より血染めの着衣が、被告の持っていたものではないかと問われました。僕のに少し似ていましたが、しかし着衣は、世の中に似たものはたくさんありますが、あの血染めの着衣が絶対に僕のものではないという証拠は、ネームがないことです。僕の着物はクリーニング屋に出すので『ハカマタ』と入っています。血染めの着衣にはネームが入っていません。型も大きく、僕のものとは異なっています。事件後一年二か月過ぎた今日、しかも再鑑定の申請をしたら、こういうものが出ましたが、これは真犯人が動き出した証拠です。これでますます有利になりました」

緑のブリーフは兄のもとに

ひで子さんはこのころ、母親のともさんが弾んだ明るい声で電話をかけてきたことを覚えている。「ひで子、巖の緑のパンツが出てきたよ。実《みのる》の所にあった。見つかったのは、うそもんだよ」と、ともさんは話し、ひで子さんは「そうかい、わかった。弁護士さんに伝えておく」と答えたという。

緑のブリーフは、ともさんが、実家近くの衣料品店で買って袴田さんに仕送りした品だった。袴田さんが逮捕される前、工場で働いていたころだ。逮捕後、このブリーフは押収され、捜査が終了すると、他の袴田さんの所持品と一緒にまとめて浜北市中瀬の実家へ送られてきた。

一九六六年一〇月、袴田さんの次兄、加藤実さんが、地元の祭りに合わせて実家を訪れた。実さんは伊豆急行に勤めており、静岡県下田市に住んでいたので、実家から帰宅する途中、袴田さんが拘置されている静岡刑務所に立ち寄り、衣類を差し入れしようということになった。ともさんと一緒に選んだズボンや靴下、腹巻き、ジャンパーなどの衣類の中に、緑色のブリーフもあった。

実さんは、刑務所内にある拘置所の受付で「いまは差し入れが許可になっていない」と言われたため、斎藤準之助弁護士に依頼して、袴田さんが要望していたズボンだけを差し入れてもらうことにした。包みからズボンを抜いて、残りの緑色のブリーフや靴下などは下田市の自宅に持ち帰り、押し入れにしまっていたが、一年近くたってから、みそ工場のタンクから見つかったという報道があったので驚き、母親に連絡してきたのだ。

弁護団は、実さんが保管していた緑色のブリーフを証拠として提出し、ともさんと実さんは公判で証言したが、検察側は偽証だと主張し、裁判所も証拠価値を認めなかった。

緑色のブリーフをはじめ、みそタンクから見つかった「五点の衣類」には血痕が付いていたが、それぞれの血液型が鑑定で判明した。鉄紺色のズボンとステテコに付いていた血はA型、ブリーフと白色半袖シャツの血はA型とB型、灰色スポーツシャツの血はA型とAB型だった。

この鑑定結果に不可解な点がいくつもある。被害者の返り血が衣類に付いたのだとすれば、血は外側のズボンからステテコ、ブリーフと順に染みこんでいくはずだ。ところが、ブリーフにB型の血液が付着しているのに、ブリーフの上にはくステテコやズボンにB型の血痕はなかった。また、ステテコには鮮明な血痕が付いていたが、ズボンの裏地は淡い赤褐色に染まっているだけで、はっきりした血痕はなかった。つまり、外側のズボンより内側のステテコに多量の血が付いていたことになる。

さらに、橋本さんの次女扶示子さんの血液型はO型だが、「五点の衣類」からO型の血液が検出されなかった。扶示子さんは、他の三人の被害者と同じように一〇カ所ほど刃物で刺されているので、犯人は返り血を浴びたはずだが、なぜか扶示子さんのO型の血液だけは、まったく衣類に付着していなかったのである。

元巡査I氏の証言

事件発覚から四日後の一九六六年七月四日、清水署捜査本部は、「五点の衣類」が見つかった「こがね味噌」を捜索している。前にも記したが、早朝からみそ工場と事務所、従業員寮などをくまなく調べた大規模な捜索だった。麻袋に入った血染めの衣類が見つかった一号タンクも調べたが、何も見つかっていない。

この日の捜索は、実際にはどのように行われたのだろうか。当時、清水署の巡査だったI氏が匿名を条件に、二〇二三年一月と三月、共同通信の取材に応じた。現在八〇代のI氏が記憶をたどりながら、五〇年以上前の出来事を振り返った。

I氏は清水署の同僚三人と班を組み、みそタンクを調べたという。工場にある二四基のタンクのうち一、二号タンクは返品されたみそ用だった。

「一つは底が見えるくらい空っぽだった。もう一つにも膝丈ぐらいまでしか、みそは入っていなかった。懐中電灯を手に、はしごを伝って、膝丈までみその残るタンク内に入った。棒でみそを突っついたが、一切、何もなかった。あれば『おかしい』と思ってわかるはずだ」

I氏は、棒を持っていた手の感触を思い起こすように語った。

この捜索から一年二カ月後、一号タンクから血染めの「五点の衣類」が入った麻袋が突然、見つかる。検察側は、袴田さんが犯行直後、タンクに隠したと主張した。

「衣類発見」と聞いた時の心境について、I氏は「捜索で何もなかったと警察として判断した。だから、その後に入れたのだろうと思った」と話す。では、いつ誰が入れたのだろうか。捜査本部は、従業員寮も捜索し、袴田さんの部屋からパジャマや作業服などを押収した。事情聴取を受けた袴田さんは、この日から捜査員に交代で尾行されるようになった。

七月二〇日には、一号タンクに四トンを超えるみそが新たに仕込まれ、タンクの底に衣類を隠すことはできなくなった。だが、袴田さんを尾行したこともあるI氏は、袴田さんが衣類を入れた「可能性はある」と言う。

「逮捕されるまでの間、自由に動いていたわけだから。二四時間監視をしていたわけではなかったし、寮のある工場が彼の職場なのだから、やろうと思えば、いつでも入れることはできる」

しかし、従業員寮の自室を捜索された袴田さんが「五点の衣類」を隠しておける場所は見当たらない。袴田さんは八月一八日に逮捕されたため、衣類をタンクに入れることができるのは、みそが仕込まれた七月二〇日までだ。少なくとも、従業員の水野源三氏が発見するまでに一年以上みそに漬かっていたことになる。水野氏は、麻袋を開いて衣類を見た途端、血が付いているとわかったと証言した。一年以上みそ漬けにされた血痕に赤みが残るだろうか。後に弁護団は「血痕に赤みが残っており、発見直前にタンクに入れられた」と主張し、裁判の最大の争点となる。

「五点の衣類」が発見される直前、弁護側が求めていたパジャマの再鑑定はどうなったのだろうか。静岡地裁は九月末に再鑑定を認め、警察庁科学警察研究所に委嘱した。そして、一二月に「油分は検出されなかった」との鑑定結果が出たが、検察側の冒頭陳述はすでに変更されてパジャマは犯行着衣ではなくなり、この再鑑定結果も意味がないものとなった。

第四章　死刑

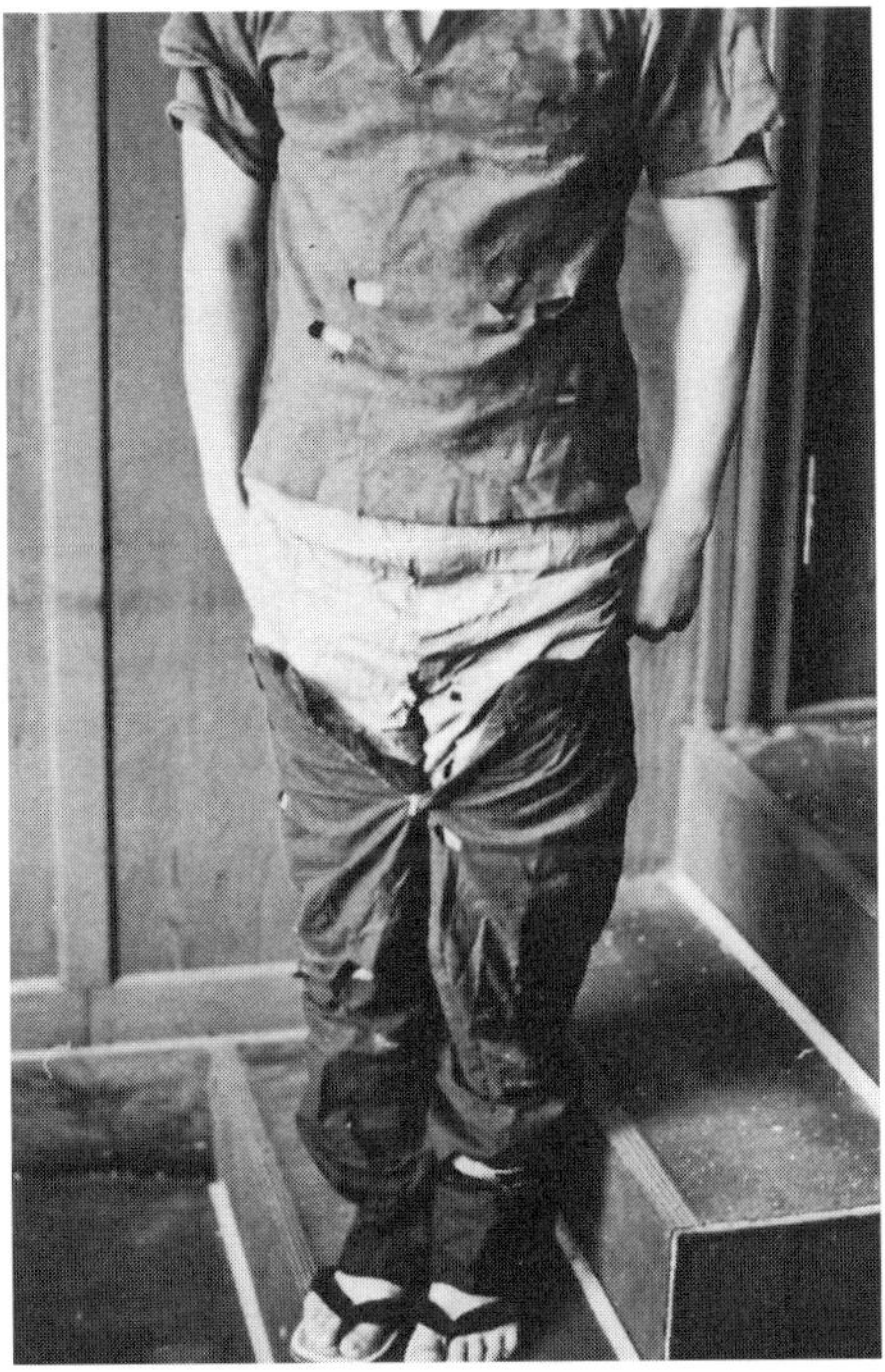

みそタンクから見つかった鉄紺色ズボンの装着実験．袴田さんの太ももでつかえてズボンをはけなかったが，東京高裁は死刑判決を支持した（1971 年 11 月 20 日．提供：山崎俊樹さん）

「無罪の心証」で極刑に

一九六八年九月一一日、袴田巖さんの判決公判が静岡地裁で開かれた。石見勝四《いしみかつし》裁判長は、主文の言い渡しを後回しにして理由の朗読から始めた。このため、極刑が予想されたが、判決文は厳しく捜査を批判する異例の内容だった。

最初に、検察側が提出した袴田さんの供述調書四五通のうち四四通は「証拠能力がない」として排除し、吉村英三検事による供述調書一通だけを採用したことを明らかにした。

警察官に対する供述調書二八通をすべて排除した理由として、一日平均一二時間にもなる長時間の取り調べが続いたことを挙げた。特に、袴田さんが初めて犯行を「自白」した六六年九月六日の取り調べについては次のように指摘した。

「外部と遮断された密室での取り調べ自体の持つ雰囲気の特殊性をも合わせて考慮すると、自由な意思決定に対して強制的・威圧的な影響を与える性質のものであると言わざるをえない。従って、このような取り調べの結果なされた自白および、このような取り調べの影響の下になされた自白は、いずれも『自由で合理的な選択』に基づく自白と認めるのは困難と言わざるをえず『任意にされたものでない疑いのある自白』に該当し、証拠とすることはできない」

検察官に対する供述調書一七通のうち一六通も「証拠とすることはできない」として排除した。

理由として、いずれの供述調書も袴田さんが起訴された後に取り調べ、作成したことを挙げた。起訴後の被告は、容疑者であるときとは違って弁護人を立ち会わせた上で「取り調べのための出頭要求に応じる義務はないこと」「出頭要求に応じて取り調べを受けても、いつでも取り調べを拒んで退去することができること」を明示することが不可欠だが、検察官は公判で「起訴前と起訴後の取り調べ方法は違っていない」と述べており、刑事訴訟法に違反する取り調べであると同時に、適正手続きの保障を定めた憲法にも違反する、と批判した。

唯一、証拠採用した吉村検事による供述調書（一九六六年九月九日付）は、「警察と検察庁は違うのだから、警察の調べに対して述べたことにはこだわらなくていい」と言って取り調べ、警察官による供述調書を参考にせず、大声でどなったり、脅したりした事実もないので「任意性が認められる」とした。

さらに捜査のあり方を厳しく批判する「付言」も読み上げられた。

「本件の捜査に当たって、捜査官は、被告人を逮捕して以来、専《もっぱ》ら被告人から自白を得ようと、極めて長時間にわたり被告人を取り調べ、自白の獲得に汲々《きゅうきゅう》として、物的証拠に関する捜査を怠ったため、結局は『犯行時着用していた衣類』という犯罪に関する重要な部分について、被告人から虚偽の自白を得、これを基にした公訴の提起がなされ、その後、公判の途中、犯罪後一年余も経て、『犯行時着用していた衣類』が、捜査当時発布されていた捜索令状に記載されていた『捜索場所』から、しかも、捜査官の捜査活動とは全く無関係に発見されるという事態を招来したのであった。

このような本件捜査のあり方は、『実体真実の発見』という見地からはむろん、『適正手続きの保障』という見地からも、厳しく批判され、反省されなければならない」

　みそタンクから見つかった「五点の衣類」が袴田さんのものかどうかについては、こう判断した。

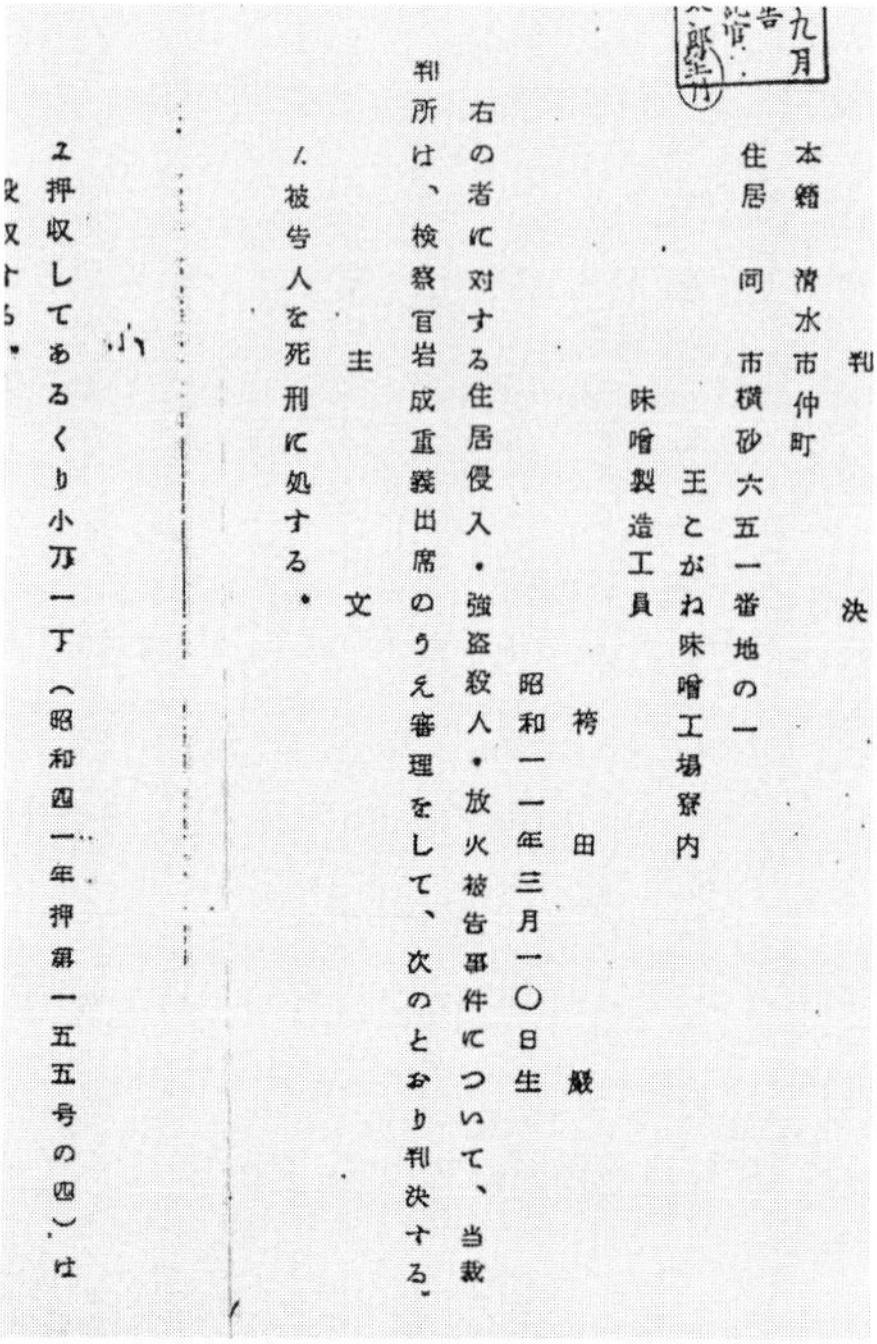
判　決

本籍　清水市仲町
住居　同　市横砂六五一番地の一
王こがね味噌工場寮内
味噌製造工員
袴　田　巌
昭和一一年三月一〇日生

右の者に対する住居侵入・強盗殺人・放火被告事件について、当裁判所は、検察官岩成重義出席のうえ審理をして、次のとおり判決する。

主　文

1.被告人を死刑に処する。
2.押収してあるくり小刀一丁（昭和四一年押第一五五号の四）は没収する。

1968年9月11日，第1審・静岡地裁の判決文
（一部地番は割愛）

　鉄紺色のズボンは、実家で見つかった端切れがズボンの裾を切断した布だと認められるので、袴田さんのものと断定できる。緑色のブリーフは、袴田さんのものである疑いが極めて濃厚である、とした上で「麻袋の中の五個の衣類が、一緒に脱いだ形でまるめて入れられていたことと合わせて考えると、スポーツシャツ及びステテコ、半袖シャツも、被告人のものであると推認することができる」と述べた。

　当初、犯行着衣とされたパジャマには、混合油が付いていたという静岡県警の鑑定結果があるが、「五点の衣類」からは同様の油分が検出されていないため、判決が認定した犯行内容は奇妙なもの

になった。「五点の衣類」を着て四人をくり小刀で刺し殺した後の行動は、こうだ。

「少なくとも、犯人が工場内を歩いたのち、着衣類を脱ぎ、そのうち被告人のパジャマを着て、(どこで、どうして着替えたかは不明であるが)石油缶から混合油を持ち出して放火に使用した」。つまり、犯人は「五点の衣類」を着て殺人を犯し、その後、パジャマに着替えて放火したというのだ。これが事実であれば、犯行の形態が変わるのに合わせ、着衣も変更するという前代未聞の犯罪ということになる。

さらに、検察側が冒頭陳述などで主張する犯行状況のうち、「五点の衣類」をタンクに入れた状況や日時については「全く根拠がない」と指摘。橋本さん宅に侵入して、橋本さんと格闘するまでの経緯や四人を刃物で刺した順序などについても「自白が存在するだけだ」とした。その上で、「被告人の自白は、その内容自体に不合理な点は認められないが、他にこれを裏付ける証拠がないので、それだけで自白どおりの事実を認めるには躊躇《ちゅうちょ》せざるをえない」と述べた。

まるで無罪判決のような内容だが、理由の朗読を終えた石見裁判長は、「死刑に処する」と袴田さんに言い渡した。

二対一で死刑、三九年後に明かされた合議内容

この判決文を書いた主任裁判官は、左陪席の熊本典道《のりみち》氏だった。熊本裁判官は、袴田さんが無罪

との心証を持ち、約三五〇枚の無罪判決を書いて最終の合議に臨んだが、石見裁判長と高井吉夫裁判官を説得できず、二対一で死刑判決に決まった。熊本氏は無罪判決を破り捨て、裁判長に命じられて心にもない死刑判決を書くことになった。

それから三九年たった二〇〇七年三月、熊本氏は「無罪の心証で死刑判決を書いた」と告白し、再審開始を求める上申書を最高裁に提出する。上申書には、初めて法廷で袴田さんと対面した時の様子が次のように書かれている。

「検察官が起訴状を読んだ後の袴田さんのひと言がいまでも忘れられません。非常に低い声で、力むでもなく、ただ静かに穏やかに『私はやっておりません』と言いました。法廷が終わった後、裁判官控え室で、私は裁判長に『石見さん、我々三人の方が裁かれているような感じですね』と言いました」

熊本氏は、検察が主張するように、刃渡り一二センチのくり小刀だけで四人を殺害できるだろうか、また、母親や子どもと一緒に住むアパートを借りる金がほしいからといって世話になった専務一家を殺害するだろうか、と思った。そして、自白の任意性についても疑問を持った。

「二〇日間も無茶苦茶な取り調べをするのは、確たる証拠がないからだろうと思いました。結局一通を除いて調書を採用しませんでした。最後の一通も他の四四通と変わりありませんが、有罪判決を書かねばならなくなったため、心ならずも妥協の産物として採用したものです」と上申書に記す。

石見裁判長と高井裁判官が、有罪を支持した理由については、一連の過熱報道の影響を挙げる。

「石見さんも高井さんも非常に真面目な人だから、あれだけの報道に接したら、無罪とは言えなかったのではないかと推察しています」

さらに、まともな弁護活動がなかったことも指摘した。

「この事件の審理を担当して、まず異常に感じたのは、弁護人三人の訴訟活動と、被告人の『完全否認』との間の落差の激しさでした。十分な弁護をうけられなかったことだけでも、『無罪』とできるケースだったと思います」

合議の結果、判決が死刑と決まると、熊本氏は石見裁判長から「取り決めだから判決文を書いてくれ」と言われた。熊本氏は「書けない」と拒否したが、説得され、悩んだ末に書くことを決めた。

「何でその時に職を辞さなかったのかと聞く人もいますが、そんなに簡単な話ではありません。もし私が辞めていたとしても、結論は変わらなかったでしょうし、もっとすんなりといって、死刑が執行されていたかもしれません」

熊本氏は、自分が辞めると合議が三対〇の死刑判決となり、袴田さんにとってより不利になることを恐れたという。

熊本氏は、心にもない死刑判決を書くにあたり、「見る人が見ればすぐ（無罪と）わかる」ようにという思いを込めた。捜査のあり方を厳しく批判した「付言」は、そういう意図の下で書かれた。

熊本氏は「これだけは判決言い渡しの際に読んでくれ」と、石見裁判長に頼んだという。

「見る人が見れば」というのは、具体的には、控訴審の東京高裁の裁判官のことを指す。上申書にはこう記した。「当時の東京高裁はそれなりに見識を持った裁判官がいたので、私の無罪心証に気づいてくれると信じて期待していました」。しかし、熊本氏の切なる思いは、届かなかった。

母親の死と姉の覚悟

袴田さんは、末っ子で母親に可愛がられて育ったことから、拘置所で書く手紙は、ほとんどが母ともさん宛てだった。

「お母さん、僕の憎い奴は、僕を正常でない状態にして、犯人に作り上げようとした奴です。神さま。僕は犯人ではありません。僕は毎日叫んでいます。ここ静岡の風に乗って、世間の人々の耳に届くことを、ただひたすらに祈って僕は叫ぶ。

お母さん、人生とは七転八起とか申します。最後に笑う人が勝つとか申します。また皆さんと笑って話すときが絶対に来ます」

袴田さんが逮捕されてから約半年後の一九六七年二月、第五回公判を終えた直後に、ともさんに出した手紙の一節だ。同年の敬老の日の後には、こんな手紙を書いている。

「去る一五日は敬老の日、僕も改めてお母さんに感謝致します。いま、静岡県には一〇〇歳以上の人が一〇人おります。お母さんもこれらの人に負けないよう、二〇〇までも長生きしてください」

静岡地裁が死刑判決を下した六八年九月の手紙には、こう記した。

「お母さんへ。

意外な判決結果で、事実誤認も著しいので、即座に控訴致しました。二審の始まるのは恐らく来年の初めごろと思います。今年の正月は静岡で過ごすことになるでしょう。さて今回の事態をいたずらに嘆くことは無用です。戦いはこれからです。今回の石見判決を覆す根拠と自信を私は持っているのです。今の私は元気で次の戦いの構想を練っております。ご安心下さい。さようなら」

袴田さんは、母の長寿を願ったが、ともさんは息子が逮捕されて以降、心労から体調を崩し、病気がちになった。そして、死刑判決の二カ月後、死去した。六八歳だった。亡くなる前、うわごとのように「巌はもう駄目かいねえ、駄目かいねえ……」と繰り返していた言葉が、ひで子さんの耳から離れないという。

翌六九年四月には、脳卒中の後遺症で寝たきりだった袴田さんの父、庄市さんが死去した。ひで子さんら家族は、拘置所にいる袴田さんがつらい思いをするだろうと、両親の死を隠していたが、半年ほどたったころ、袴田さんから「今朝方、お母さんの夢を見ました。元気でした。夢のように元気でおられたらうれしいのですが。お母さん！　遠からず真実を立証して帰りますからね」という手紙が届いたので、もう隠せないと思い、両親の死を手紙で知らせた。

袴田さんは「私はこの事実が何かのまちがいであることを神に祈った。しかしながら、真実は誰にもこばむことはできないものである。私はこの時自分の人生で最も悲しい時が迫るのを感じ、体中一気に凍るような衝撃を受けた」と、悲痛な心境を手紙に書いた。

母親が亡くなった後、袴田さんを支える家族の活動は、ひで子さんが中心となって行うことになった。ひで子さんは、税務署に勤めていた二二歳の頃、結婚したが、一年ほどで別れた。その後、親や親戚などから縁談がいくつか持ち込まれたが、結婚には至らなかった。袴田さんが逮捕されてからは、独身でいるほうが弟のために支援活動がやりやすいと思うようになっていた。

「家族がいたりすると、思うように動きができんでしょ。そうだで、これは私がやるしかないと思ったわけです。それと、母親の苦しみを見ているから、親孝行のつもりで、母親の無念を晴らすためにやろうと思いました」とひで子さんは話す。

袴田さんは静岡地裁で死刑判決を言い渡された一九六八年、静岡刑務所内の拘置所から東京拘置所に移送された。当時は、豊島区西巣鴨に東京拘置所があった。戦後すぐに連合国軍総司令部（GHQ）が接収し、A級戦犯らを収容する「巣鴨プリズン」として使用されていたが、五八年に東京拘置所として復元された。その後、七一年三月に葛飾区の小菅《こすげ》に移転した。

ひで子さんは毎月一度、静岡県浜松市から新幹線と在来線を乗り継いで東京拘置所まで通い、三〇分の面会を続けた。弟と会えるわずかな機会を無駄にしたくはなかった。

「面会に行くと、差し入れをしなきゃいけない。『差し入れ屋』という業者の方がいて、毎日違うものを入れてもらうようにするため、せんべい、リンゴ、ミカンなどの品目を紙に書いて渡す。一カ月分のお金を払って、申し込むんです」

浜松市周辺でずっと暮らしてきたひで子さんは、東京拘置所へ行く道順がよくわからなかったが、冤罪を訴える人たちの支援活動をしている団体「ラジカル懇談会」のメンバーが案内してくれた。

控訴趣意書で捏造指摘

静岡地裁で死刑判決を受けた袴田巖さんは直ちに、東京高裁へ控訴した。袴田さんの次兄が緑色ブリーフを差し入れようとしたことを知っている斎藤準之助弁護士は、自身の力が及ばず極刑が下されたことに責任を感じ、自由法曹団の重鎮で、数々の著名な刑事事件を手がけていた上田誠吉弁護士のもとを訪ね、袴田さんの弁護団に加わってもらうよう頼み込んだ。

一九六九年三月に提出した「控訴趣意書」の中で、袴田さんは、判決は誤りであるとして、二六項目に分けて反論した。

動機については「私は母と、子供と、三人一緒に住もうと、考えた事もございません。また、小遣銭や、アパートを借りる金が欲しければ、会社に頼めばいつでも貸してくれます。夜中まで起きて盗みに行く必要がない」と訴えた。

殺害の凶器とされたくり小刀については「私は沼津市の菊光刃物店に行った事もないし、くり小刀はもとより、刃物など持っていた事も、ございません」と否定した。

唯一、証拠採用された吉村英三検事作成の一九六六年九月九日付の調書については次のように述べた。

「全部が吉村検事らの推測によってできたもので私の意ではない。当時私は全身がむくみ、蓄膿症も極度に悪化して、弱り切った、病人の私に対し、警察の行為は、九月初め頃から連日酔っ払いを近くの房に収容しており、この酩酊者が、どなる、あばれるの大騒ぎで私はほとんど眠る事ができませんでした。特に九月五日頃から衰弱がひどく、時々めまいを覚えるようになっておりました。取り調べの際などは机にすがって眼を閉じ病気に向かっておりました。九月八日吉村検事取り調べの際などは、私はまったく疲れ果てており言葉を忘れた廃人そのものでした」

吉村検事は九月八日に調書が取れなかったので、怒りまくり、暴言を吐いたという。袴田さんが、控訴趣意書に書き留めた発言を列記する。

「警察に取らせてなんで検事に取らせないのだ」「今日黙秘で通すつもりなら刑事たちに言いつけて夜も寝かさないで取り調べさせる」「親、兄姉も捕まえてしまう」「僕は認めてもらわなくてもなんにも困りゃあしないんだ」「認めないなら認めるまで二年でも、三年でも勾留しておいて絶対に出さないからそう思え」「見ろ最近のおまえの顔は凄くむくんで来たじゃないか」「どうだつらいだろう」「そんなに頑張らなくっても少し楽をする気にならないか。ここまで警察に調べられれば、どうすれば自分の体が楽になるかわかるだろう」「そんなに難しいことはない」「僕が言うことにウンウンと言っておれば、それでよいのだよ」

袴田さんによると、吉村検事は「今日はこれで終わるが、明日は必ず取るからな」と言った。その後、県警捜査一課の岩本広夫警部補が来て、「この野郎、悪い野郎だ。今から俺が精神を入れ換えてやる」と怒鳴って、袴田さんの頭髪をつかみ、ねじ倒した。岩本警部補は「あしたは検事さんの言うとおりにしろよ」と命じたという。

そして、袴田さんは、翌九月九日に調書を取られたが、その内容についてはこう記している。

「かようなわけで調べ官らの暴力等が嫌で検察官の言った事には頷かざるをえなかったのです。もちろん、吉村検事は、この調書の内容は全てのみ込んでおり、時々手帳も見ておりました。このような事実を持つ九月九日付調書は、同検事と司法警察員らの暴力的、威圧的、強制的等の積み重ねで、起訴を意図した合同推理のデッチ上げ調書であって任意性がない」

事件発生から一年二カ月後にみそタンクから見つかった「五点の衣類」については、特に詳しく控訴趣意書に記している。

「血染めの着衣類は、私の物ではないし着用致した事もない。私は、鉄紺色ズボンは持っておりませんでした。このズボンの端布が、私の実家で発見されたと言うが、この事は納得できない。端布その物を、私は公判廷で初めて拝見致した訳で私の荷物の中や、実家にある訳がないのです。率直に言ってこの証拠は当事件裁判中、刑事らがパジャマでは持って行けないと考え、このような偽証をしたのです」

袴田さんは、刑事らが「偽証をした」という理由について次の四点を挙げた。①血染めの着衣類が発見された一号タンクは物を隠すような場所ではない、②タンクは昭和四一年(一九六六年)七月四日に警察官によって捜索されている、③七月二〇日に一号タンクにはみそが仕込まれている、④仕込みの際、タンクは必ず水洗いをしている。もし捜索の時、着衣類を見落としたとしても、仕込みの時に必ず発見されている——。

これらのことを踏まえた上で袴田さんは、こう主張した。

「一号タンクに着衣類が入れられたのは少なくとも七月二〇日仕込み以後と考えられます。そこで、着衣類はタンクの底にあったと言っておりますことを考えるに、いったんタンクに味噌が仕込まれると、それを底まで掘るのは不可能なので、やはり、入れられたのは発見された四二年(一九六七年)八月三一日、少し前頃だと思います」

袴田さんが、控訴審が始まる前に早くも、捜査機関による捏造について言及していたことは、注目に値する。しかし、陥れられた当事者ならではの鋭い指摘は、裁判官だけでなく、弁護団にもしっかりとは届かなかった。弁護団は、最高裁までの確定審を通じて、捜査機関による証拠の捏造という主張はしなかったのだ。

東京高裁、はけないズボンで死刑支持

袴田さんは、鉄紺色のズボンが自分のものではないので「鉄紺色ズボンは、何時、誰に、売られ

た物か、徹底的に捜査を行ってほしいと思います。次に鉄紺色ズボンは、ウエストを体に合わせて直してあるという事なので私にはかせて見てほしいと思います」と要望した。

袴田さんが望んだ「五点の衣類」の装着実験は、一九七一年一一月二〇日、東京高裁で、裁判官、弁護団、検察官が立ち会い、実施された。

法廷の隣室で、袴田さんは、最初に白色の半袖シャツを着た。次に灰色のスポーツシャツを着て、さらにステテコをはいた。いずれの衣類も、血液鑑定などのために所々、小さな四角形に切り取られている。立ち会った弁護士が、衣類を着た袴田さんを前、横、後ろから写真撮影した。

次に、袴田さんは鉄紺色のズボンに両脚を入れて引き上げようとしたが、太ももの辺りでつかえた。ファスナーは全開だが、いくら引っ張っても上がらない。無理して上げようとして、びりっと縫い目が破けるような音までした。

七四年九月、七五年一二月にも同様の実験が繰り返されたが、同じように、ズボンは太ももの辺りでつかえて、はけなかった。事件当時、袴田さんが着用していた別のズボンは、はくことができたので、鉄紺色のズボンは、袴田さんには小さ過ぎて、体形に合っていないことは明らかだった。

袴田さんは、兄の茂治さん宛ての手紙に「本件の血染のズボンは、証拠写真でも解るように、私の体重を四〇キロに減らしてもなお、はける範囲とはいい難いものである。私の体格からみて、本件のズボン使用の有無を、私の体重で争うこと自体不自然で論外と言わざるを得ない。これは人間の骨格の問題であって、体重にあまり関係のない範囲のことである。したがって、私に対して本件の犯人呼ばわりはできないばかりか、既に私は本件容疑さえ無い」と書いた。
同じ頃、茂治さんに送った手紙には、こう書かれている。「さて、私も冤罪ながらも死刑囚。全身にしみわたって来る悲しみにたえつつ、生きなければならない。そして死刑執行という未知のものに対するはてしない恐怖が、私の心をたとえようもなく冷たくする時がある。そして全身が冬の木枯《こがらし》におそわれたように、身をふるわせるのである」

検察側は、袴田さんの実家で、県警が捜索して見つけた端切れと、みそタンクから見つかった鉄紺色のズボンとは同じ布であるから、このズボンは袴田さんのものであると主張していた。その主張を支えるために、端切れとズボンが同一の縫製、繊維、染色で、切断面も一致するという科学警察研究所の鑑定結果を得ていた。

弁護団も、端切れとズボンの切断面を詳細に調べた結果、一致するとわかったが、最高裁まで一貫して「一致しない」と主張した。ところが科学警察研究所の鑑定により「一致する」と判明したため、「ズボンは袴田さんのものである」と裁判所に強く印象づけてしまった。弁護団の主張が逆手に取られて、検察側の主張を補強する形になってしまったのだ。

弁護団が「一致しない」と主張した背景には、控訴審から弁護団に加わり、主任弁護人となった上田誠吉弁護士の存在がある。上田氏は、札幌市警本部警備課長が射殺された白鳥《しらとり》事件の主任弁護人であり、再審請求審で、証拠の弾丸が捏造であることを最高裁でも認めさせたが、袴田事件では捏造を主張しなかった。そして、弁護団の若手弁護士が、端切れと鉄紺色ズボンは「一致する」と報告したが、上田氏は端切れを実際に見ていないのに「一致するはずがない」と言ったという。
弁護団事務局長の小川秀世《ひでよ》さんは、「上田さんは、政治的弾圧などとは無関係の袴田さんの事件では捏造だという考えは頭になく、鉄紺色のズボンは袴田さんのものではない、という主張だけで勝てると考えていたようです。それが、『一致しない』という主張になったということです」と話す。

犯行着衣とされたズボンをはけなかったのだから、ズボンはもともと袴田さんのものではなく、犯行着衣でもない。したがって袴田さんは無罪であると判断するのが当然だと思うが、一九七六年五月一八日、東京高裁は控訴を棄却した。静岡地裁の死刑判決を支持したのである。

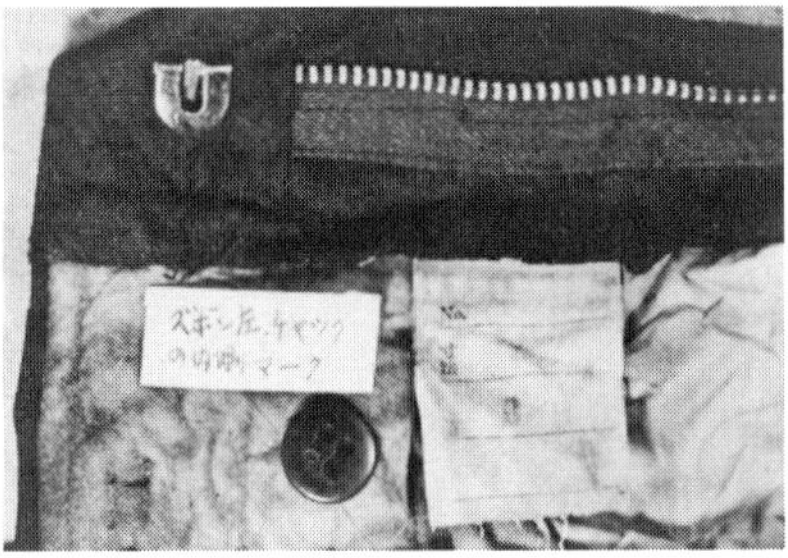
ズボンのタグのＢの文字（提供：山崎俊樹さん）

横川敏雄裁判長、柏井康夫、中西武夫裁判官は判決で、みそタンクから見つかった鉄紺色のズボンについて次のように述べた。

ズボンのタグに「Ｂ」の文字があったことから、Ｂ体（肥満体）用で元のウエストサイズは八三センチから八五センチあった。ところが、実際に腰回りの寸法を測定すると、一回目は六八センチ、二回目は七〇センチだった。この原因として、小売店で販売する時に腰回りを三センチ詰めたとみられることに加え、「一年以上も水分・みそ成分を吸い込んだあと長期間証拠物として保管されている間に自然乾燥して収縮した」と述べた。

一方、事件発生時には、B体のズボンだったので小売店で三センチ詰められたとしても腰回りは約八〇センチあったことになるから、袴田さんはズボンをはけたと認定した。装着実験で、はけなかった理由として「勾留中の運動不足によると思われる体重の増加も無視することができない」と述べた。

ところが、この判決の根拠になったズボンのタグの「B」の文字が、実はウエストサイズではなく、色を表していたことが後の再審請求審で明らかになる。二〇一〇年に証拠開示されたズボン製造会社の男性の供述調書によると、ズボンがみそタンクから見つかった時、男性は「Bは仕入れた生地を整理するためのもので、色を意味する」と捜査員に説明していたのだ。ズボンのサイズは肥満体用ではなかったのに、判決は、実際の腰回りの寸法と辻褄《つじつま》を合わせるため、現実にはあり得ない「収縮した」という理屈を持ち出して、死刑を支持したのである。

一審の静岡地裁が唯一証拠採用した検察官調書については、パジャマを着て犯行に及んだという点に「明らかな虚偽がある」とした上で、「タンク内の衣類が未発見であるのを幸いに被告人が捜査官の推測に便乗した形跡」があると、袴田さんに責任を転嫁し、調書全体の信用性は認めた。

横川裁判長はさらに、袴田さんの脚の傷とズボンの損傷を結びつけ、有罪の根拠の一つにした。はけないズボンを犯行着衣としただけでなく、一審で退けられた「自白」調書の一部を証拠として復活させたのである。

この点について判決文では次のように述べている。「格闘のさい腿《もも》や向こう脛《ずね》を蹴られたとの自供内容に相応するように事件後の九月八日には、被告人の右下腿中央から下部前面に四か所の比較的新しい打撲擦過傷が認められたうえ、事件後約一年二か月経ったころ発見された鉄紺色ズボンには右足前面に2・5センチ×4センチの大きさの裏地に達するカギ裂きようの損傷があった」

横川裁判長は、東京地裁判事、宇都宮地裁所長などを経て東京高裁刑事部総括となったベテラン裁判官である。袴田事件の控訴審判決後、札幌高裁長官となり、一九七八年に退官した。「新刑訴派」と呼ばれるリベラル派の裁判官の旗手として知られ、「裁判は記録に基づいてなされるものではなく、法廷の弁論を基礎としなければならない」という口頭弁論主義を重視し、集中審理を主張した。横川氏は裁判官を退官後、早稲田大学客員教授となり、多くの著書を残した。

著書『ジャスティス』には、「裁判官が広い暖かい心の持ち主で、絶えず自らの足りなさを思い、これに悩む謙虚な人柄の人物であるか、それとも総《すべ》ての問題を論理的・事務的に割り切って怪しまない、いわゆる官僚タイプの人間であるかによって、審理の進め方、証拠の評価、結論などに大きな相違を生じ、同じ結論でも、関係者に与える印象は著しく異なったものになるように思われる」と書いている（傍点は原文）。

『総てをわが心の糧に――一裁判官の回想』には、次の記述がある。

「正直なところ、世間を騒がした兇悪無残な事件については、『真犯人をのがしては…』という意識・責任感が裁判官の心にのしかかっていることが多い。無罪判決の方が有罪判決より概して書きにくい、といわれることがあるのは、こんな事情があるからであろう。だが、裁判官が被告人の弁解に虚心に耳を傾けなくなったらおしまいである。捜査官に対する自白の偏重―誤判へと導く虞《おそ》れが強いからである」「(私は)誤判がなかったなどと断言する自信はない。ただわずかに自らを慰めているのは、誤判があったとしても、それは有罪にすべきものを無罪にしたものに限られているであろう、という点である」

さらに、後輩裁判官に向けた言葉として、こう記した。

「『疑わしきは罰せず』の原理を実践面で如実に活かすよう望んでやまない。現在のわが国では、万一罰すべき真犯人をあやまって無罪にしても、社会的混乱を招き収拾つかなくなるような虞れはないであろう」

そして、『刑事控訴審の実際』では「裁判の理想像は『生きた裁判』である」として、次のようなことが裁判に必要だと述べている。

「問題の核心を突き解決のタイミングをあやまらないこと、冷たい論理の中に暖かい血をかよわせること、裁くものと裁かれるものとが共に生きた人間としてその間に心の触れ合いを経験するようにすること」(傍点は原文)

横川氏が数々の著書で示した考え方は、袴田さんの裁判ではまったく実践されなかった。

最後の望みを託す

袴田さんは、東京高裁が控訴棄却した翌日の一九七六年五月一九日、最高裁に上告した。その頃、袴田さんは、姉ひで子さん宛ての手紙にこう書いている。

「本件ズボンにも装着を妨げる、しわとか、ごわごわとか、収縮とかは、ズボンがびしょぬれであったから、当初の装着実験時には全く存在しなかった。しかるに本件ズボンは被告人には絶対にはけないのである。この点からも被告人の無実は立証されているのであり、一片の疑惑も残っていないのである」

「被告人に肥満があるか否かについても前述したとおりであり、勾留中の体重が六一キロであったことは明らかであり、そして当時のズボンが問題なくはけたことも明らかである。検察官が二審において提出した、当時の被告人のズボンも問題なくはけた。これでどこから押しても本件ズボンがはけない被告人は全くの無実であるということが、白日の下に明らかとなったのである。被告人の無実は万人が証拠に基づいて確信、かつ保証するであろう」

一九七七年三月一四日、袴田さんは、最高裁に「上告趣意書」を提出した。計二二四ページになるこの書面で、一審の死刑判決を不当な論理で擁護した東京高裁判決を弾劾した上で「私は最高裁の公正かつ神聖と正義を信じたい」と、司法に最後の望みを託した。

「本件冤罪が警察の陰謀謀略から発したことは物的証拠上明白である。捜査陣が上から圧力をうけ、おのれの面目を何とか施したいが為私をデッチ上げたのである。その証拠の第一が、私のパジャマに他人の血が付着し、混合油までも付着していると偽証したことで明らかであり、更に、ズボンの端切に似たものを実家に持込みデッチ上げたことで明白である」と冒頭、冤罪であることを改めて訴えた。

さらに、装着実験で犯行着衣とされたズボンをはけなかったのに死刑を支持した東京高裁の横川敏雄裁判長を、満身の怒りを込めて糾弾した。

「高裁審理中居眠りばかりして裁判長は自分の知恵と正義の意志とを最高度に働かせず、ただ滅茶苦茶に被告人を有罪に陥れた不正義の裁判であった。まさに暗黒裁判というべきものであった」

「高裁認定は味噌ズボンのウエストの裏地の収縮が大きいから被告人にははけないという。この認定も大間違いのインチキである。血染めのズボンは太もも部分で既につかえて上へは進めないのである。本件の味噌ズボンは極端に太もも部分が細く作られているのであって私が購入するようなズボンではない。以上のように、味噌ズボンがはけないことによって本件、私に対する疑惑は完全に晴れたといって過言ではない。しかるに横川裁判長は、恐るべき偏見を持って誤認を重ねデッチ上げ調書すらない物的証拠をもって被告人に押し付けてしまい強いて無実の被告人を有罪に陥れた身の程知らずであり、裁判官の資格を剥奪されるべきである」

取り調べや調書に任意性があるとした東京高裁の認定についても厳しく批判した。

「取り調べ中でも被疑者は時々弁護人と接見していたから、調書に任意性がある、又、被疑者から取り調べ方法に関しての苦情が弁護人を通して捜査当局にもなかったから、本件取り調べに任意性が認められるという意味の認定は、間違いであり、大的外れである。即ち、弁護人と接見する際は、刑事等が前もって私に対し弁護士に言いつけたら後で半殺しにしてくれるからなあと言い渡し、盗聴しているのである。でありますから、私に対する拷問、虐待、長い時間の法を犯した取り調べの真相を弁護人に訴えることが出来なかったのである」

袴田さんが指摘した捜査当局の「盗聴」は、後の再審請求審で開示された録音テープで明らかになる。袴田さんは、動機がないこともあらためて訴え、専務一家への怨恨による者の犯行だと主張した。

「被害者の人たちと、私共寮で生活していた者は、毎日食事の際は、右被害者宅の食堂で食物を分け合うようにして食べる生活を続けていました。勿論《もちろん》本件被害者の方も同席して食事を済まされていました。このように家族同様に暮らしていたものが、何としても、狂ったと仮定しても、私が専務宅に盗みにはいる訳がないのであります」

「四人の人を全身火傷で死亡させることは、何といっても、盗人には無理であろう。高裁認定のように金目当ての犯罪とは到底考えられない状況が支配している。本件殺人放火は、その経過を検討すれば、怨恨によるものであることは明白であろう」

実家で見つかったズボンの端切れについては、主任取調官の松本久次郎警部による偽証であると訴えた。

「血染めのズボンの端切に似たものを浜北市の私の実家に持ち込んだのは絶対に間違いなく松本刑事である。捜査陣は血染めの衣類が出現したということで、大いに当惑した。そこへもってきて、被告人が第一回公判から完全黙秘して、右松本刑事等によってデッチ上げられた本事件嫌疑を公判廷において晴らすべく、当時一年余を通して争っていたのである。本件捜査主任松本は、私に対するパジャマのデッチ上げがだんだん暴露されてきていたので平然としては居られなかったことは想像に難くない」

「彼は端切を持ち込む為に私の荷物を捜索しなければならなくなった。この際の捜査目的はバンドとか聞いた。即ち、血の付いたバンドを探しに行って、ついでに、端切を見つけたという経過はいかにも不自然で作為に満ちていることは覆うべくもない。血染めの衣類があらわれた時点前に、こがね味噌に在った私の所有物などは、少なくとも私を逮捕した時点に於《お》いて隅々まで調べ上げ、実家などに私の荷物を探しに行く必要はないはずである。浜北市の実家に在る、私の荷物に目的もあるはずもない本件捜査陣松本等が僅《わず》かな間に二度までも実家に捜索に行ったということ自体、実に不自然であり、そこから作り出されたものは、端切という偽証以外のなにものでもない」

上席調査官の予断と偏見

最高裁に提出された一、二審の判決文や上告趣意書などの裁判記録は最初、最高裁調査官に届けられる。裁判所調査官は本来、裁判所職員の職種の一つだが、最高裁の調査官は、地裁や高裁で判事を経験した現職の裁判官が務めることが通例になっている。

最高裁には、毎年一万件前後の案件が寄せられるが、裁判官の定員は一五人であり、裁判官だけですべてを審理することは困難だ。このため、調査官が「前さばき役」となって各案件の資料を読み込み、論点を整理して報告書を作り、担当の裁判官に提出する。調査官によって、上告要件を満たさない「破棄相当」や審理する必要性が高い「小法廷での評議」などに、あらかじめ分類されるのである。判決文の草案も調査官が書くことから、「上告審は最高裁の裁判官ではなく、調査官によって裁判がなされている」と批判されることもある。

調査官は、刑事、民事、行政の三部門に分かれている。刑事部門は第一から第三まで三つの調査官室があり、当時は上席調査官を含めて計一一人の調査官がいた。袴田さんの事件を担当したのは、第一調査官室の渡部保夫上席調査官だった。渡部氏は東京地裁、札幌地裁・高裁などで判事を務め、多くの無罪判決を出したことで知られていた。

同じ頃、第一調査官室には木谷明調査官がいた。現在、弁護士の木谷さんは裁判官時代に三〇件以上の無罪判決を下し、確定させたことから「伝説の刑事裁判官」と呼ばれる。その木谷さんが、第一調査官室での渡部氏とのやりとりを振り返り、私の取材に対し、次のような事実を明らかにした。

袴田さんの裁判記録を読んでいた渡部氏は、みそタンクから見つかった「五点の衣類」の写真を見て、「警察が、こんな大がかりな捏造をすると思いますか」と、同僚の木谷さんに話しかけた。

「木谷さん、この事件は有罪ですよ。もし無罪だったら、私は首を差し出しますよ」と渡部氏は断言した。

渡部氏は、裁判記録を読了して調査報告書を書き上げると、判決文の草案を添えて第二小法廷の裁判官に届けた。この時の報告書の内容はわからないが、仮に上告要件を満たさない「破棄相当」の報告書だったとすると、小法廷の審議で覆ることはほとんどないと言われている。

一九八〇年一一月一九日、最高裁第二小法廷（宮崎梧一《ごいち》裁判長、塩野宜慶《やすよし》、塚本重頼、木下忠良、栗本一夫裁判官）は上告を棄却した。理由は次のとおりである。

「被告人本人の上告趣意及び弁護人の上告趣意は、いずれも事実誤認、単なる法令違反の主張であって、刑訴法四〇五条の上告理由にあたらない。なお、記録によれば、第一審判決摘示の犯罪事実を認めることができるから、これを維持した原判決には事実の誤認はない。その他記録を調べても同法四一一条を適用すべき事由は認められない。よって、裁判官全員一致の意見で、主文のとおり判決する」

「この事件は有罪」という予断偏見を持って渡部氏が書いた報告書を反映したからだろうか。判決は「単なる法令違反の主張」「上告理由にあたらない」「原判決には事実の誤認はない」などの決まり文句が並ぶ「門前払い」の内容だった。袴田さんが無罪を求め続けた一四年余の訴えは、わずか数行の判決文で退けられ、死刑判決が確定した。

ちなみに、判決にある刑訴法四一一条は、「判決に影響を及ぼすべき重大な事実の誤認があること」などの事由で原判決を破棄しなければ著しく正義に反すると認めるときは、判決で原判決を破棄することができる、と定めた条文である。

木谷さんは、さんざん迷った末に、渡部氏とのやりとりを明らかにしたという。

「渡部さんのような人権派の裁判官でも、時にはとんでもない誤りを犯すことを知ってもらいたかった。渡部さんは、『熟慮断行型裁判官』の典型のような方でしたが、警察が五点の衣類を捏造するという大がかりな違法捜査をするとは、到底信じられなかったのです」

渡部氏は退官後、北海道大学教授に就き、誤判防止について積極的に発言した。著書『刑事裁判ものがたり』には、最高裁の使命のひとつとして、次のようなことがあると書いている。

「無罪の疑いが強いのに有罪にされたとか、刑の量定がはなはだしく不当であって、そのままこれを放置することが『著しく正義に反する』と考えられる場合には、これを是正することが要請されます(刑事訴訟法四一一条)。無実にもかかわらず有罪判決を受けた人々にとって、『まだ最高裁がある！』と叫ばれるゆえんであります」

『刑事裁判を見る眼』には、自身の最高裁調査官としての経験を記している。

「わたくしは最高裁刑事調査官をしていた当時、刑事裁判において一番たいせつなことは誤って有罪にしないことであり、したがって無罪にすべき被告人はできるだけ無罪にすることと思っていましたから、調査官の仕事でもできる限り無罪の発見に努力しようと考えていました。(略)そして、もとより浅学菲才《せんがくひさい》でしたが、わたくしなりに訴訟記録をできるだけ詳しく読み、無罪にすべき事件についてはどんどん原判決（控訴審判決）を破棄して原審に差戻すのが相当であるという結論の調査報告書を書いて、裁判官に提出していました」

『無罪の発見』には、誤判の原因として第一番目に「裁判官の予断偏見」を挙げ、「権威的な精神構造は、被告人の弁解などを軽視し予断偏見を抱きやすいであろう」「平野龍一博士は、刑事裁判官には民衆の心が大切という。ハンス・グロースは、被疑者には常に不幸にして罪の嫌疑を受けた同胞という観念で接すべしという。意識してこのような態度をとるように心掛けることは、予断偏見の排除に役立つであろう」と記述している。

「この事件は有罪」との予断偏見をもとに袴田さんの死刑を確定させた渡部氏が、予断偏見についての持論を展開した著書名が『無罪の発見』というのは、何とも皮肉である。

最高裁の上告棄却で死刑が確定したことを受け、袴田さんの姉ひで子さんは東京の弁護士会館で記者会見した。

「その時、裁判官だけでなく、広い会見場に集まった弁護士や支援者、報道陣など、周りにいる二〇〇人ぐらいの人たちが皆、敵に見えた。誰も信じられなかった」とひで子さんは振り返る。

「最初の報道がひどかった。警察が発表するままの報道だったけれど、あれを見て『そんなことはない』とは言えなんだ。だから、へたなことは言わない方がいいと思って、息を潜めていました」

第五章　喪　心

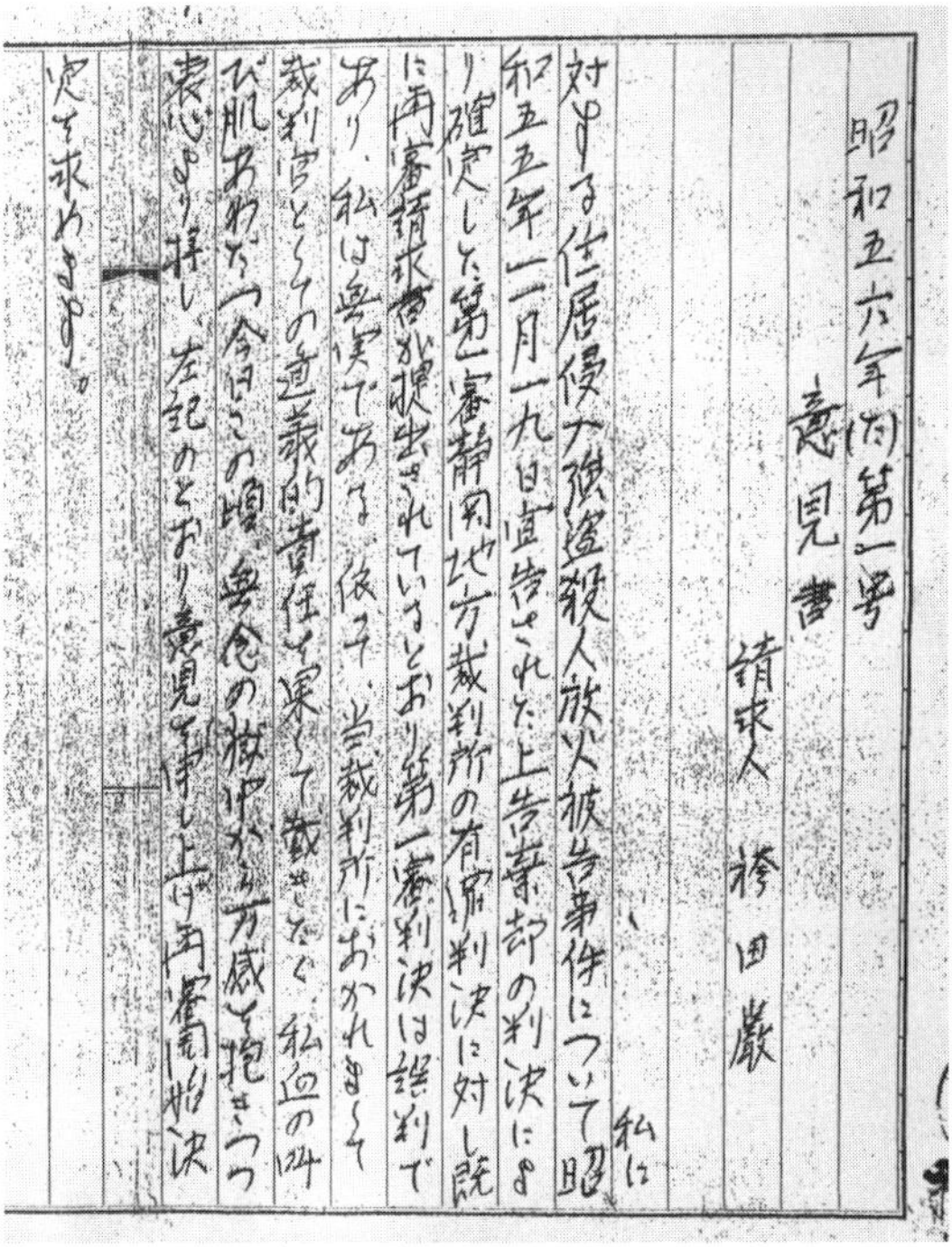
昭和五六年(た)第一号
意見書
請求人　袴田巖
私は、
対する住居侵入強盗殺人放火被告事件について昭
和五五年一一月一九日宣告された上告棄却の判決によ
り確定した第一審静岡地方裁判所の有罪判決に対し既
に再審請求書が提出されているとおり第一審判決は誤判で
あり、私は無実である。依って、当裁判所におかれまして
裁判官としての道義的責任を果して戴きたく、私血の叫
び肌あわだつ今日この嘆、無念の救いがたい万感を抱きつつ
衷心より祈し、左記のとおり意見を申し上げ再審開始決
定を求めます。

袴田さんが再審請求で提出した意見書(1983年2月)

独居房の弟思い、酒浸りに

一九八〇年、最高裁が袴田さんの上告を棄却し、死刑が確定した頃から、ひで子さんは、なかなか寝付けなくなった。

「なぜ巖が死刑になったのか。自白は強要されたものなのに」。布団に入っても、東京拘置所の独居房に閉じ込められている弟のことが頭をよぎり、目がさえたまま朝を迎えることもあった。やがて、眠るため酒に頼るようになった。

「ご飯をろくに食べず、夜はウイスキーをお湯で割って飲んでいた」とひで子さんは言う。

「夜中にふと目を覚ますと、巖のことが頭に浮かぶ。何でこうなったのかと思うと眠れなくて……。夜中の三時だろうが、何時だろうが、また、眠るためにウイスキーをくいくいと飲んだ」

ひで子さんは食品関係の会社で経理を担当していた。毎朝出勤していたが、深夜にあおった酒が残ることもしばしばだった。食欲は落ち、肌も荒れた。「お酒を飲んでいる時は、顔を洗うと、肌が荒れていて粗壁《あらかべ》を触っているようだった」

「殺人犯の姉」という目で見られるのが嫌で、ひで子さんは、人付き合いも避けるようになった。体も心もぼろぼろの日々が続いた。

一方、死刑確定後、袴田さん救援の動きは、活発化していった。上告棄却の日、袴田さんの冤罪の可能性を月刊誌に書いたノンフィクション作家高杉晋吾さんが呼びかけ、ボクシング評論家郡司信夫氏や劇作家寺山修司氏らが参加して「無実のプロボクサー袴田巖を救う会」が結成されたが、救援活動は静岡県でも広がっていく。

一九八一年一一月、高杉さんは『地獄のゴングが鳴った』（三一新書）を出版した。副題に「無実のプロボクサー袴田巖」、帯に「元プロボクサーが陥れられた黒い罠の真相」とあるとおり、袴田事件は冤罪である、と訴えた初めての書籍だった。この本が出版されてすぐに、事件が起きた静岡県清水市（現・静岡市清水区）の矢倉町公民館で、出版記念の集会が開かれた。この集会をきっかけに、元静岡県議の今村高五郎氏や元清水市議の浅沼保氏らが中心となって救援会発足の準備が始まり、八二年二月、「清水市こがねみそ事件袴田巖救援会」が立ち上がった。

袴田さんの郷里の浜松市でも八六年五月、小学校の同級生の渥美邦夫さんらが「浜松・浜北、無実の死刑囚袴田巖さんを救う会」を発足させた。一方、日弁連は八一年一一月、袴田事件を支援事件に決定し、人権擁護委員会内に袴田事件委員会を設置した。

支援者の集会が各地で開かれるようになり、街頭でのビラ配りや署名活動も始まった。しかし、支援者から連絡の電話があっても、ひで子さんは酔って応対できないことがあった。この頃のひで子さんはアルコール依存症のような状態だったと言えるだろう。

「私が酔っぱらっていることは、電話の相手にもわかったと思う。こんなことをしていたら、とても巖を助け出すことはできやせんと思って、三年ほど経ってようやく、お酒を断つ決心をしたんです」

一日、二日、一週間、一カ月……。飲まない日を数えながら、水をがぶがぶ飲んで酒を我慢した。

「一年以上やめると、あんまり飲みたくなくなってきた。やはり、お酒を抜くのには、一年以上かかりますね」

引き離された幼い息子

袴田さんの弁護団は一九八一年四月、静岡地裁に第一次の再審請求をしたが、一向に審理は開かれず、放置されたままになっていたので、二年後の八三年二月、袴田さんは「意見書」を同地裁に提出し、再審を求めた。東京拘置所の三畳間の独居房で書き上げた意見書は、罫紙一四枚、約九八〇〇字に上る。

「上告棄却の判決により確定した、第一審静岡地方裁判所の有罪判決に対し、既に再審請求が提出されているとおり、第一審判決は誤判であり、私は無罪である。依って、当裁判所におかれまして、裁判官としての道義的責任を果たして戴きたく、私血の叫び肌あわだつ今日この頃、無念の獄中から万感を抱きつつ衷心より拝し、左記のとおり意見を申し上げ、再審開始決定を求めます」

冒頭、こう記した袴田さんは、みそタンクから見つかったズボン、実家で見つかった端切れ、パジャマ、くり小刀、アリバイなど一〇項目に分けて、詳細に意見を述べた。捜査機関による証拠の捏造にも言及している。

　上告趣意書は、内容に重複が多く、文章もまとまりがなかったが、今回の意見書は、じっくりと推敲《すいこう》して書かれ、簡潔にまとめられている。「五点の衣類」が自分のものではないという主張が中心だが、上告趣意書にはなかった「スポンジゴムゾーリ」について一項目を立て、記述しているのが注目される。内容は次のとおりだ。

「私の所有物であり、私が日頃所有していましたスポンジゴムゾーリが警察に押収されております。捜査陣は右ゴムゾーリで本件犯行に及んだとして犯罪構図を引きましたが、しかしそれは完全に破綻しました。右ゴムゾーリには血液及び油の付着はありません。右ゴムゾーリこそ当夜私と一体の物である以上、本件血染めの衣類は私と全く無関係であるし、また私のゴムゾーリとも無縁である」

　袴田さんがこの頃、独居房で書いた日記には、二歳の時に引き離されたまま会えなくなった息子への思いが綴られている。

「息子よ、お前はまだ小さい。判ってくれるかチャンの気持ちを——もちろん分かりはしないだろう。分からないとは知りつつ声のかぎりに叫びたい衝動にかられてならない。そして胸いっぱいになった真の怒りをぶちまけたい。チャンが悪い警察官に狙われ逮捕された日、昭和四一年八月一八日、その時刻は夜明けであった。お前はお婆さんに見守られて眠っていたはずだ。三日後の土曜日になれば、お前の面倒をみてもらっているお婆さんの所に行って、愛らしい顔をして眠っているお前のほっぺをなぜてあげたのに。その父親としての義務さえ果たせなくされてしまった。警察はチャンを逮捕したが、その間違いは必ず判ってもらえると信じていたが、その道理がこなごなに砕かれてしまった……」

「息子よ、お前が正しい事に力を注ぎ、苦労の多く冷たい社会を反面教師として生きていれば、遠くない将来にきっとチャンは、懐かしいお前の所に健康な姿で帰っていくであろう。そして必ず証明してあげよう。お前のチャンは決して人を殺していないし、一番それをよく知っているのが警察であって、一番申し訳なく思っているのが裁判官であることを。チャンはこの鉄鎖を断ち切ってお前のいる所に帰っていくよ」

裏木戸からの脱出は不可能

袴田巖さんの弁護団は、第一次再審請求で「自白」による方法では被害者宅の裏木戸を袴田さんが脱出することは物理的に不可能だと主張した。

事件現場である静岡県清水市の「こがね味噌」専務橋本藤雄さん宅には、出入り口が二カ所あった。旧東海道に面した表出入り口のシャッターと東海道線に面した裏口の木戸だ。この裏木戸は上と下に留め金があり、左右両扉の中央に木のかんぬきがかかる構造だった。

確定判決によると、袴田さんは隣家の木に登って橋本さん宅の屋根に移り、土蔵の屋根を経由して中庭に降りた。橋本さん宅に侵入して四人を殺害した後、裏木戸の隙間から外に出た。さらに、工場にあった混合油をバケツに入れて、裏木戸から再侵入して放火した後、再び裏木戸から脱出して逃げた、と認定されている。つまり、計三回、裏木戸から出入りしたことになる。

橋本さんの長女昌子さんは、火災が発覚する前夜の一九六六年六月二九日午後一〇時一〇分ごろ、旅行先から橋本さん宅に帰着した。昌子さんは、静岡県警の事情聴取に対し「シャッターに指をかけて開けようとしたが開かなかった」と述べている。

一方、翌六月三〇日午前二時前、火災に気づいて橋本さん宅に駆けつけてきた近隣の住民やみそ工場の従業員の供述によると、表のシャッターには錠がかかっておらず、手をかけて引くと、サーッと上に上がって開いた。内側の橋本さん宅のガラス戸も開いていて、猛烈な勢いで煙が噴き出したという。

近隣住民らは裏木戸の方にも回ったが、木戸は閉じていて、押しても開かないので石をぶつけ、足で蹴破った。「捜査記録」によると、かんぬきは木戸の金具に通ったまま、炭化して二つに折れ、残っていたという。蹴破る前にはかんぬきがかかっていた可能性が高い。

表のシャッターは無施錠であり、裏木戸が閉じていたとすると、犯人は放火した後、ガラス戸を開け、表のシャッターを開けて逃走したとみるのが順当だ。ところが、静岡県警は裏木戸に固執し、袴田さんの「自白」も前述したとおり、裏木戸から計三回出入りしたことになっている。従業員寮があるみそ工場から線路を挟んで数十メートルの所に裏木戸があり、袴田さんら従業員は、食事をとるため橋本さん宅に行くときなどに利用していた。県警は、袴田さんを犯人だと決めつけていたため、表のシャッターではなく、裏木戸から逃走したという「自白」を引き出したかったのだと思われる。

静岡地裁で一通だけ証拠採用された吉村英三検事の調書には「裏口のカンヌキを外しても戸が開かないので、引っ張ると、下の方だけずれて体が出入りできるぐらい開いた」という供述がある。

静岡県警は、裏木戸を再現して人が出入りできるかどうか実験したところ、供述調書のとおり「木戸から脱出できた」とする捜査報告書を作成。人が木戸を通り抜けるところを撮影した写真三枚を静岡地裁に提出した。判決は、検察官調書や実験結果を認め、「上のかけがねはかけたままの状態で、下のかけがねは(外れて)、いわゆるオスの部分だけが扉に付いていた」と認定した。

しかし、県警の提出した実験写真には上の留め金部分が写っていないため、留め金がかかった状態で人が通過できたかどうかがわからない。後に写真工学の専門家がコンピューターで写真を解析した結果、人の体が入る隙間がある状態であれば、上の留め金がかかっていることはあり得ないと判明した。つまり、県警撮影の写真は、上の留め金を外して撮影したものだということになる。

一九八一年一月、弁護団の依頼で東洋大学工学部の鑑定実験が行われた。木の材質や金具に実際の裏木戸と同様のものを使って再現した上で、上の留め金だけをかけて、人が通り抜けられるかどうか確かめた。二〇代の男性が計四回、木戸に加える力を変えて実験したが、体を隙間に入れようとした瞬間、いずれも留め金は、はじけ飛んだ。

そもそも、袴田さんは夕食時などに裏木戸から橋本さん宅に出入りしており、留め金を外せば開くことはわかっていた。木戸の隙間から三回もくぐり抜けるという不自然な行動をする必要などなかったのだ。

袴田さんは再審を求めた「意見書」で、裏木戸をめぐる判決や県警の実験について厳しく批判した。

「確定判決は裏木戸が閉まっていた事実について、次のようなことで説明しようとしている。『扉の内側には屋根等から落ちた瓦や壁土などが、三〇センチメートル位の高さになっていたことが認められる』云々。しかし右扉を蹴破ったのは可成《かなり》早い時期であり、落下物はない。また徐々に少しずつ開いたものではない。それは内側の閂及び鍵が壊れ一気に開放されたものである」

静岡県警が「裏木戸からの脱出は可能だった」として裁判所に提出した写真．上部の留め金は写っていない（提供：山崎俊樹さん）

「警察官が本件扉とほぼ同様のものを作って実験したところ脱出可能であったと判示しているが、その実験結果が信用できるものであるならば、私共の前にそのデータを出していただきたいものである」

「裏木戸からの脱出という虚構虚像構図は捜査陣が描いたもので、それは対照物機能事実に反し、到底認められないものである。扉の隙間を人が通れる訳がない」

弁護団は、裏木戸の実験結果を新証拠として提出したが、再審請求審は一向に開かれなかった。いたずらに時が過ぎていく中、袴田さんの姉ひで子さんがある日、東京拘置所を訪れると、ばたばたと息せき切って面会室に入ってきた袴田さんが「きのう処刑があった。隣の部屋の人だった。『お元気で』と言っていた。みんながっかりしている」と、興奮しながら一気にまくし立てた。

この日を境に、袴田さんの言動がおかしくなっていった。長期の拘置と死刑の恐怖から拘禁症状が現れてきたのだ。ひで子さんが回想する。

「死刑が確定して半年ぐらいたった頃だった。実際に、隣の部屋の人が処刑されたということで、ものすごくショックを受けたと思う。死刑というものが、現実味を帯びてきたのだから。その頃からおかしなことを言うようになったんです」

むしばまれる心

「ドアに付いた染みが死を意味したり、壁の色が何か異様にみえて人間の姿に固まり、その顔はだいぶ前に処刑された者であったりする。本当に悪魔が鍵孔《かぎあな》を操っているとしか思えない。猫に化けて庭とその辺をうろついている」

一九八一年一〇月四日、東京拘置所の独居房から袴田さんがひで子さんに宛てた手紙は、「死」

「処刑」「悪魔」などの言葉がちりばめられた不気味な内容だった。

「私が独房内を歩くと、その度に蛍光灯がチカチカするように感ずる。電灯が無数の硝子に反射している。そして私をみつめている」「私の居房に住みついている魂は二つであり、影法師の如くありありと見られるときがある。彼らの顔には悪意と善意が表われている」

袴田さんは、隣の独居房にいた死刑囚の刑が執行されたと知り、衝撃を受けた。「次は自分かもしれない……」。迫る死の恐怖にさいなまれ、長期の拘置も影響して、徐々に精神がむしばまれていった。手紙の文面が、その拘禁症状を表している。

東京拘置所の独居房は、三畳間にトイレと洗面所がある間取りだ。窓から見えるのは、通路の先にある曇《くも》りガラスと鎧戸《よろいど》だけ。空がわずかに見えるが、外の景色はわからない。電車や車の音なども聞こえない。死刑が確定すると、外部との接触は制限され、家族や弁護士ら一部の人以外とは、面会や手紙のやりとりもできなくなる。

死刑確定の直後、ひで子さんが東京拘置所へ面会に行くと、袴田さんは「いま、ひどいところにいるよ」と言った。

「どうしたの」と聞くと、確定死刑囚の独居房の環境に慣れるように、外部と遮断された懲罰房のような部屋に入れられたという。

「どのぐらい、いるの？」

「一カ月ぐらいになるかな」と袴田さんは答えた。

未決勾留の時には、他の事件で勾留されている容疑者や被告と話す機会もあったが、死刑が確定すると、そうした拘置所内の交流が一切なくなった。

「未決の時には、運動の時間に、狭山事件の石川一雄さんらと会って話したりしていた。時には、拘置所仲間と将棋を指したりしていたようです。巖が手紙に『紙で駒を作って、将棋をやっている』と書いてきたこともあった」とひで子さんは言う。

「ところが、確定すると、全然違う場所へ入れられる。他の人たちとの交流もなくなった。独房の扉は閉め切ったままで、ご飯も窓から入れられる。豚を飼っているようなもんですよ。生きるだけの餌をやっているようなもの。面会者が来ない限り、ずっと狭い部屋に詰め込まれている」

ひで子さんは、確定死刑囚の待遇の劣悪さについて怒りを込めて話した。

絶望の淵にある袴田さんはキリスト教に救いを求めた。拘置所には仏教とキリスト教の「教誨《きょうかい》室《しつ》」があり、神父や牧師から教えを聞くようになった。日記には、こう記している。

「私がカトリック者として生きる決意を固めた理由は幾つかあるが、それを一口で言えば、人間として絶対に正しく生きてゆける道がそこにあるからである。古今東西、宗教が人間を支えた部分は大きい。それは謙虚な気持で合掌し、信ずるものを得るところに大きな救いがあるからだ」

一九八四年のクリスマスイブ、一二月二四日に、袴田さんは、教誨師をしていたカトリック関口教会の志村辰弥神父によって洗礼を受けた。その日の日記に次の記述がある。

「洗礼の妙、幸福の永生、始めて燃えあがる真の生命、輝く星花を感激に満ちて凝視したのである。この時こそ正に私にとって新鮮な歴史が開花する瞬間であった。いや、歴史だけではない、キリストの福音にあって勝利と誉《ほま》れを歌いあげる天上の予感であった。予感だけでもない。精彩を放ってあたかも勝利を組み立てる芸術者たる、神を拝む心地よい感動の極致であった」。洗礼名はパウロである。

もう一つの心の支えは、死刑確定後に再審が開始され、無罪となった事件が相次いだことだ。一九八三年七月免田事件で、八四年三月財田川事件で、同年七月松山事件で、いずれも無罪判決が下され、確定した。そして、八六年五月三〇日には、島田事件の赤堀政夫さんの再審開始が決定する。

「遂に島田事件にも司法の正義が訪れました。免田、財田川、松山、島田、これらの事件の犯人とされた人々と同じ立場の私は、今暗闇の中で、明かりを見たような思いでほっとしています。今度司法の正義を受けるのは私の番だ！　とりわけ、島田事件の静岡地裁、高橋正広裁判長は、本件の裁判長でもあり、島田事件同様に、無実は無罪にという法の正義を本件でも期待したい。白か黒か、生死を決する裁判は、そう簡単なものではないでしょうが、だからこそ裁判所は真の正義と愛に基づいた勇気を持って、法の正しさを具体的に現わすべきです」（五月三一日の日記）

袴田さんの期待は高まったが、静岡地裁からは何の連絡もないまま時が流れていった。

袴田さんは、一通で便箋七枚まで書ける手紙をほぼ毎日のように二通、ひで子さんら宛てに出していたが、一九九〇年一一月ごろからまったく出さなくなった。さらに、九二年ごろから、面会を拒否するようになる。ひで子さんが東京拘置所に面会に行っても、「今は忙しい」「話すことはない」などの理由を挙げて面会室に現れなくなったのだ。
「最初は、拘置所がいじわるをして面会させないようにしていると思った。そうではなくて、巖は独居房から出ると処刑されると思っているから、面会を拒否して独居房を出ないようにしていたようですね」とひで子さんは話す。

第一次再審請求の終結までに二七年

この頃、協栄ボクシングジムの金平正紀《かねひらまさき》会長の紹介で、元検事の安倍治夫弁護士が袴田さんの弁護人に選任された。安倍氏は、過去の再審事件と関わりがあった。「昭和の巌窟王《がんくつおう》」と呼ばれた吉田石松《いしまつ》さんが四度目の再審請求を棄却され、法務大臣に直訴を試みた時、法務省刑事局参事官だった安倍氏が吉田石松さんと面会した。安倍氏は直訴状を読み、無罪の訴えが信用できると判断し、吉田さんを日弁連に案内した。また、死刑確定後に再審無罪となった免田事件の弁護人を務めた経験もあった。

安倍氏は、日弁連の弁護団にも加わり、被害者の傷に関する鑑定書を新証拠として再審請求審に提出しようとしたが、弁護団から「内容が不十分だ」と反対されたことなどから、「再審請求から一〇年以上も進展がないのは弁護団の怠慢だ」と批判し、弁護団を脱退した。

安倍氏は独自の弁護活動を始めた。袴田さんが何年もの間、面会を拒否しているため、どのような健康状態なのかわからないことから九二年二月、東京拘置所長を相手に、袴田さんの人身保護請求を東京地裁に申し立てた。

これを受け、東京拘置所側は袴田さんの様子を記した答弁書や準備書面を提出したが、そこに驚くべき記述があった。袴田さんは「毒が入っている」と言って、ご飯を水で洗って食べたり、「電波が飛んでくる」と言って、菓子の袋を体に巻き付けたりしているという。拘禁症状が進み、精神の安定が崩れて破綻してしまったのだ。東京地裁は同年八月、人身保護請求を却下した。

袴田さんが再審請求から一三年以上経った九四年八月九日、静岡地裁（鈴木勝利裁判長、伊東一廣、内山梨枝子裁判官）は再審請求を棄却した。

弁護側は、①袴田さんの逃走経路とされた「こがね味噌」専務宅の裏木戸は自白どおりの方法では通れない、②犯行当時のタンク内のみその量は「五点の衣類」を隠すには少なすぎる、③被害者の傷の一部は凶器とされたくり小刀ではないとして、それぞれの項目について実験結果や鑑定結果を新証拠として提出していたが、静岡地裁の決定は「逃走経路、着衣、凶器に関する証拠は新たな証拠とは認められない」と結論付けた。

疑惑まみれの証拠で死刑判決を下すのは許されないが、再審請求を受けて何の審理もしないのも「不作為の罪」と言えるのではないか。袴田さんが第一次再審請求をしてから棄却決定が出るまでの歴代の静岡地裁の裁判官は、この責任を問われるべきだろう。しかし、八〇年代は、死刑再審請求事件の島田事件の審理が静岡地裁で進められており、もうひとつの死刑再審請求事件である袴田事件の審理がおろそかになったという見方もある。

島田事件は八三年五月、東京高裁の即時抗告審で、赤堀政夫さんの第四次再審請求を棄却した静岡地裁の決定を取り消し、地裁に差し戻した。静岡地裁は三年後、再審開始と死刑の執行停止を決定した。検察側は即時抗告したが、東京高裁は即時抗告を棄却して再審開始が確定。再審公判は八七年一〇月に始まり、静岡地裁は八九年一月、赤堀さんに無罪判決を言い渡した。

弁護団事務局長の小川秀世さんは、「裁判所から、島田事件が終わるまでは、袴田事件の方は待ってくれというふうに言われていた。島田事件で手いっぱいだというような言い方です」と振り返る。

袴田さんは日記に、島田事件の再審開始決定を出した裁判長が自分の事件も担当しているので期待していると記していたが、実際には、島田事件が審理されているため、袴田さんの再審請求については放置されていたことになる。この点も、袴田さんには不運だったと言えるだろう。

小川さんは弁護団にも問題があったと言う。「五点の衣類が捏造だという観点からは証拠の見直しをしてこなかった。袴田さんの自白の内容を否定するにはどうすればいいかということで弁護活動していた。例えば、裏木戸の問題もそうです。自白どおりのやり方では、裏木戸から外に出ることはできないということを明らかにするため実験をしたり、鑑定書を出したりした」

弁護団の中で、小川さんは早くから証拠の捏造の可能性を主張していたが、弁護団の他のメンバーたちからは「捏造などと言うべきではない」と押しとどめられていたという。

「弁護団の主張の品位を下げるというようなことも言われたが、一番の理由は、捏造だと言ったものの、それを立証できなかったらかえって不利になり、裁判に負けてしまうと言われた。証拠捏造を主張したが、東京高裁の判決で否定された狭山事件のことも頭にあったのかもしれません」

袴田さんは、控訴趣意書や上告趣意書、第一次再審請求の際に提出した意見書で、捜査機関による証拠の捏造を訴えていたが、弁護団が本格的に捏造について主張するようになるのは、第一次再審請求審の最終盤になってからだ。

第一次再審請求は、東京高裁に続いて最高裁が二〇〇八年三月、請求を棄却して終結するまでに計二七年もの年月を費やした。袴田さんはこの間、死刑への恐怖と長期拘禁で精神をむしばまれ、第二次再審請求では自ら無実を訴えることができなくなってしまった。

二七年はあまりにも長い。この間の世の中の主な出来事を拾ってみると、ある程度、その長さを実感できるかもしれない。

第一次再審請求した八一年の首相は鈴木善幸氏だった。大相撲で千代の富士が横綱になり、寺尾聰の歌「ルビーの指輪」が大ヒットした年である。

最高裁が再審請求を棄却した二〇〇八年の首相は福田康夫氏だ。鈴木首相から福田首相までの間に、中曽根康弘、竹下登、宮沢喜一、小泉純一郎の各氏ら一三人の首相が就任し、政権の形態も自民党単独政権から非自民連立政権、自社さ連立政権、自公連立政権など、めまぐるしく変わった。

また、この二七年間に元号が昭和から平成になり、インターネットやファミコンが誕生し、iPod

やスマートフォンも発売された。パソコンやスマホの普及で人々の暮らしは劇的に変化したが、袴田さんは、狭い独居房で恐怖と孤独に耐えながら、再審開始決定が出るのをじっと待ち続けていたのだ。

森山法相「常軌逸し始めた」

一九九八年の暮れ、袴田さんの姉ひで子さんは、静岡大学情報学部講師の笹原恵《めぐみ》さんと一緒に、社民党の衆議院議員だった保坂展人《のぶと》さんに議員会館で面会した。

ひで子さんは、保坂さんに訴えた。「もう三年半も弟の巖と会っていません。何とかして会いたいんです」

第一次の再審請求が棄却された後、弁護団は東京高裁に即時抗告したが、袴田さんは、裁判関係の書類を読まず、弁護士とも会わなくなった。ひで子さんとは、ごくまれに面会することがあったが、袴田さんは「誰だかわかるか？」と聞き、「袴田巖」と答えると、「それは違う人だで」と言って面会室から出て行ってしまう。

ほとんど会話もできなかったが、ひで子さんは「会わなきゃ、死んでいるだか、生きているだか、わからない。顔を見るだけでいいと思っていた」と話す。しかし、やがて袴田さんは面会室にまったく出て来なくなり、顔を見ることも叶わなくなった。それでも、ひで子さんは毎月一度、電車を乗り継いで浜松市から東京・小菅の東京拘置所まで通っていた。

「会えなくても私が面会に行ったことだけは巖に伝わる。家族はまだ見捨てていないよと伝えたかった」

法務委員会に所属していた保坂さんは、なぜ面会拒否が続いているのかわからないため、東京拘置所を管轄する法務省矯正局に、袴田さんの状態を問いただした。矯正局によると、袴田さんは、ご飯を一粒一粒洗って二時間ぐらいかけて食べる。その他の時間は、独居房の中をぐるぐると歩いて回っているという。

「法務省は、普通の状態ではないけれども、安定してそういう状態が続いている、という説明をした。精神疾患の症状がどんどん悪くなっているのではないというわけです」。現在、世田谷区長の保坂さんは振り返る。

二〇〇二年一一月二七日の衆議院法務委員会で、保坂さんは拘禁症状が進む袴田さんの様子を明らかにした後、森山真弓法務大臣に質問した。議事録にはこう記されている。

保坂委員　俺はもう袴田巖じゃない、というふうになっちゃったわけです。だから、弁護人にも会わないし家族にも会わない。これはやはり、精神的な病気になっているというふうに判断していいんではないかと私は思います。

心神喪失の状態にある時は法務大臣の命令によって死刑の執行停止ということは刑訴法にもあり

ますし、またこれは国際的に見ても、彼が冤罪かどうかというのも大問題なんですね。この状態を放置することはできないんじゃないかというふうに思います。

森山法相　被収容者の方が会いたくないとおっしゃっているという話もございますし、断片的に聞くところによりますと、少し常軌を逸し始めた精神状態なのかもしれないとも思います。

東京拘置所におきましても、お医者さんのカウンセリングとかそういうことをやっているというふうに聞いておりますが、拘置所の方で具体的にその症状を見て適切な判断をしていってほしいというふうに考えております。

保坂さんは「法務大臣が、常軌を逸した精神状態と言ったら、死刑執行できるわけがない。だから、法務委員会でこう発言した時に、執行の可能性はなくなったと思います」と話す。

袴田さんの六七歳の誕生日である二〇〇三年三月一〇日、ひで子さんと保坂さん、三人の弁護士が東京拘置所を訪れた。この四年間でひで子さんは二回だけ会うことができたが、弟は「自分は袴田巖ではない」と言って数分で面会を終えていた。

保坂さんは、東京拘置所側に面会ができるよう対処することを強く要求した。このため刑務官は「部屋の畳替えをするから」と言って、袴田さんを独居房から面会室に無理やり、連れ出した。袴田さんは、ティッシュで鼻をかみながら面会室に入ってきて、すとんと椅子に座った。ひで子さんや保坂さんらと袴田さんの間で、次のような会話があった。

ひで子　今日は三月一〇日で誕生日だね。
袴田　あんたの顔は知らない。知らない人だよ。この間も面会に来てたようだけど。
保坂　元気ですか。
袴田　元気ですよ。
保坂　今日はあなたの誕生日ですが、わかります？　六七歳ですね。
袴田　そんなこと言われても困るんだよ。もういないんだから、ムゲンサイサイネンゲツ、年はない。地球がない時に生まれてきた。地球を作った……。
保坂　袴田巖さんはどこに行ったのですか？
袴田　袴田巖は知恵のひとつ。私が中心になった。昨年、儀式があった。
保坂　儀式？
袴田　儀式だ……。全世界のばい菌と戦っている。死刑判決を下している。昨年一月八日まで袴田巖はいた、もういなくなった。一月八日に全能の神である自分が吸収した。中に入っていった。私の知恵のひとつ。なくなっちゃう。
保坂　こちら、お姉さんですよ。
袴田　袴田ひで子だということはわかっている。機械で映された。機械に映しこんで作った偽物だ。メキシコのばばあ。儀式の意思決定なので仕方がない。

保坂　何でここにいるのかわかりますか？

袴田　神の儀式で決まった。死刑囚はしょうがない。死刑も廃止した。東京拘置所は廃止された。監獄は廃止した。東京国家調査所、俺は所長、一番偉い。私は世界一の男だ。ばい菌がひとつになった……。一月八日、死刑執行は拒否。袴田巖はいなくなった。

保坂さんが、袴田さんの言葉をうまく引き出し、面会は三〇分間に及んだ。保坂さんは、面会の際の会話をもとに、袴田さんの拘禁症状についてこう語る。

「全能の神たる袴田巖さんだった人が語るのは、いかに死刑ができないかということなんです。いつ死刑執行があってもおかしくない状態にさらされて、恐怖に打ち勝っていくには、自分が袴田巖ではないので死刑はできないんだというふうに思い込む、と言うより、そういう世界に行ったという感じですね。死刑は執行されないけれど、長期拘禁という刑罰を科し、長い恐怖の中で、袴田さん自身が権利主張もできない状態に追いやってしまったのです」

第六章　釈放

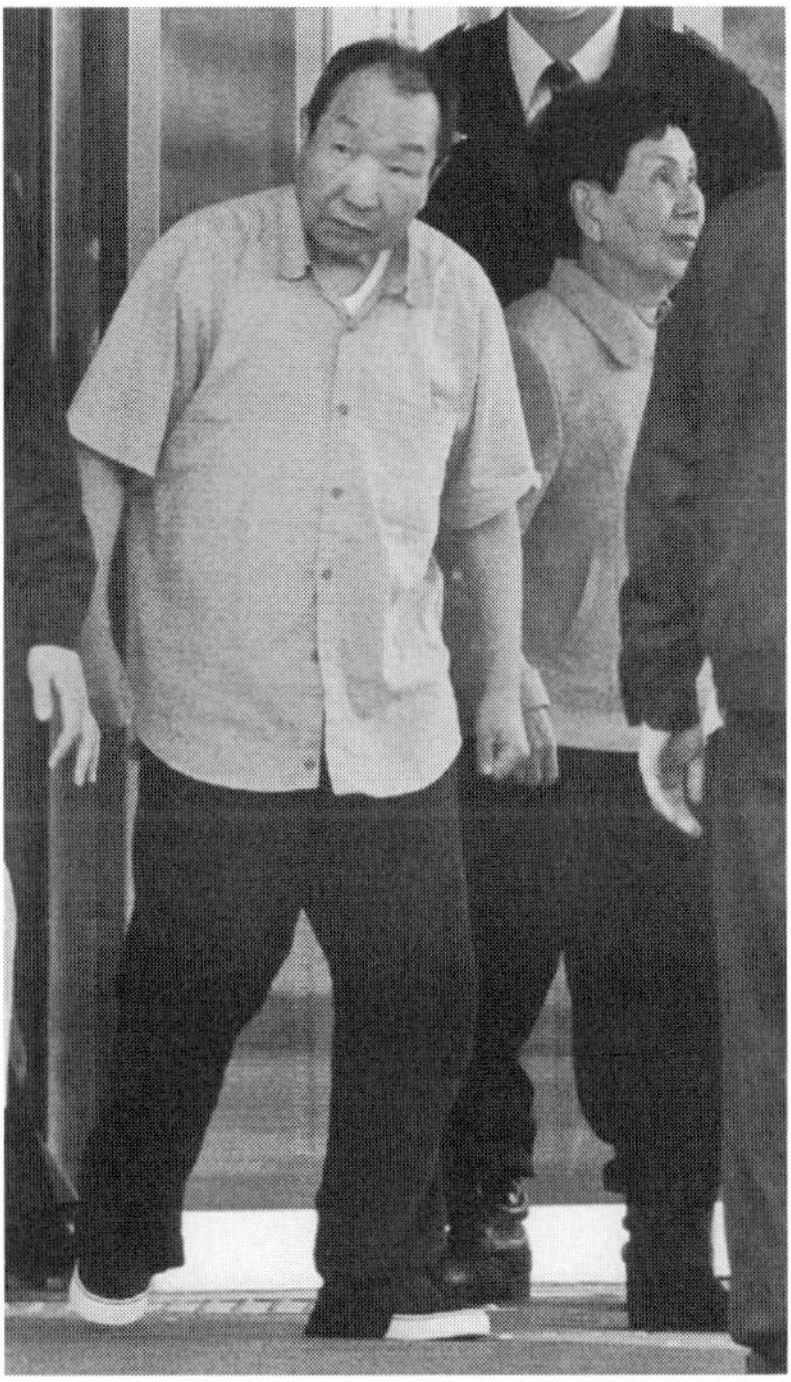

再審開始決定が出され，東京拘置所を出る袴田巖さん．右は姉のひで子さん(2014年3月27日午後5時21分．写真：共同通信)

ボクシング界が支援活動

袴田さんの弁護団は即時抗告したが、東京高裁（安廣《やすひろ》文夫裁判長、竹花俊徳、小西秀宣裁判官）は二〇〇四年八月二六日、再審請求を退けた静岡地裁決定を支持し、袴田さんの抗告を棄却する決定を弁護団に伝えた。

その棄却決定のニュースが流れた頃、元東洋太平洋バンタム級王者で、川崎新田《にった》ジム（川崎市）会長の新田渉世《しょうせい》さんは、ジムの練習生から「会長、袴田事件を知っていますか?」と聞かれた。

新田さんはその時、袴田事件のことをよく知らなかったが、約一年後、再審開始を訴えている支援団体の事務局長から事件の内容を詳しく聞く機会を持った。

長時間の過酷な取り調べによる「自白」の強要、事件発生から一年二カ月後にみそタンクから見つかった「五点の衣類」……。話を聞くうちに新田さんは強い憤りを感じ、体が熱くなっていった。

「もう、むらむらと火がついてしまって、すぐに支援活動を始めました。練習生からは『会長、ちゃんと事件について調べてからにしてください』と言われましたが、支援活動をやりながら調べるということにして、どんどん動き始めたんです」

新田さんは、東日本ボクシング協会の理事会で、袴田さんの支援を提案したが、反対意見が多かった。

「ボクシング界の先輩たちは以前に一回、袴田さんの支援活動をやっておられたんですよ。静岡地裁の再審請求審で再審開始決定を勝ち取ろうと、いろんな活動をしたのですが、棄却されてしまって、火が消えてしまったんです。だから、俺たちがやって駄目だったのに何でいまさら、という感じがありました」

過去には次のような支援活動があった。一九九一年一一月一一日、全日本ボクシング協会（現・日本プロボクシング協会）の会長で元世界チャンピオンのファイティング原田さんが、東京・後楽園ホールで開催されたA級ボクサー賞金トーナメント決勝戦の途中、リングに上がり、「二五年間もの間、獄中から無実を叫んでいる元プロボクサーがいることをお話ししたい。ボクサーだから短時間で殺人を行えたとする判決理由は、ボクシングのイメージを落とすものです」と訴え、袴田さんの再審請求を全日本ボクシング協会として要望すると表明した。

翌九二年一〇月、同協会に袴田巖再審支援委員会が発足した。一一月三〇日、袴田さんの再審請求を支援する「チャリティーボクシング」が、後楽園ホールで開かれた。ファイティング原田さんは「ボクサーなら簡単に残虐な行為が可能という偏見が逮捕につながっている。ボクシング界全体のイメージのためにも裁判をやり直すべきだと痛感した」と話した。しかし、九四年八月、静岡地裁は、袴田さんの再審請求を棄却し、ボクシング界の支援活動も停止したような形になった。

新田さんは、当時、東日本ボクシング協会の会長だった元世界チャンピオンの輪島功一さんを説得して、二〇〇六年五月、袴田巖再審支援委員会（輪島功一委員長、新田渉世実行委員長）を立ち上げた。

「最初の頃は、こちらもすごくエネルギーがあったので、本当に一日も無駄にできない、という気持ちでやりました。例えば、自分がいまコーヒーを飲んでいる間も、袴田さんは拘置所の独居房にいて『明日死刑かもしれない』という恐怖の中にいるのだから、何かしないといけないと思った」

同年六月一九日、輪島さんは、後楽園ホールのリングで「(袴田さんは)ボクサーの大先輩。何とか元気に私たちの前に出てきてもらい、昔のボクシングの話をしたい。みんなが一緒になると大きな力になる」とマイクで呼びかけた。この日は、ひで子さんもリングに上がり、「巖もこの後楽園で試合をしたんだなあと思い出した。事件に巻き込まれて四〇年。ぜひ、みなさんの力を借りたい」と話すと、観客席から大きな拍手が起きた。

一一月二〇日には、輪島さんと元世界チャンピオンの渡嘉敷《とかしき》勝男さん、ひで子さんらが最高裁を訪れ、約五〇〇〇通の再審開始要請書を提出した。ひで子さんはその後、弁護団のメンバーと一緒に東京拘置所を訪れ、三年八カ月ぶりに袴田さんと約三〇分間、面会した。

袴田さんは、前回の面会時より少しやせ、顔色もよくなかったが、健康状態を尋ねると「元気だよ」と答えた。差し入れのボクシング雑誌を見たり、ビデオを時々観賞したりしていると話したが、ボクシング界で支援の動きが広がっていることなど事件の話題になると、「終わったこと。袴田巖は儀式名。いまハワイでボクシングをしている」と意味不明なことを言った。ひで子さんが衆議院議員の保坂展人さんらと二〇〇三年三月に面会した後、袴田さんは「姉はいない」などと言って面会を拒んでいた。

一二月一三日、輪島さんや飯田《いいだ》覚士《さとし》さんら元世界チャンピオン四人が再び、ひで子さんと一緒に後楽園ホールのリングに上がった。輪島さんは「袴田さんが命あるうちにボクシングを観戦させてやりたい」と話し、飯田さんは「死刑確定の背景にはボクサーへの偏見があったと思う。後輩たちのためにも立ち上がった」と支援活動をする理由を語った。

袴田さんの無実を訴える輪島功一元世界チャンピオン．右端は袴田ひで子さん（2006 年 12 月 13 日．写真：共同通信）

新田さんは毎月、東京拘置所を訪れ、面会を申請していた。面会権がないという理由で、ずっと断られ続けていたが二〇〇七年六月六日、初めて面会を認められた。刑事収容施設法の施行で、面会許可の条件が緩和されたからだとみられる。

新田さんは、過去に袴田さんと面会した支援者らから「もう会話がかみ合わなくなっていて、言うことはよくわからない」と聞かされていた。さらに、面会の許可が下りても袴田さんが独居房から出てくるかどうかもわからなかったが、袴田さんはこの日、面会室に現れた。

新田さんは「何十年も、いつ死刑執行かもわからない状況の中で生きてきた人と、何をどう話していいかわからない」と思った。しかし、「自分もボクシングをやっていました」と切り出すと、袴田さんは「あんたの顔はポパイに似てあごが張っている。そういう顔は打たれ強いんだ」と言った。その後も、フックを打つ時に拳を縦にするか、横にするかなど、ボクサーならではの話題で会話が弾んだ。

「こちらの話に乗ってきてくれて、本当に会話もかみ合ったんです。三〇分丸々話しました。それからは、袴田さんとボクシングの話をするのが自分の役割だと思うようになりました」と新田さんは振り返る。

新田さんはその後も毎月、面会を続け、ひで子さんや支援者らと一緒に東京拘置所へ行くこともあった。ひで子さんは、弟がごく普通にボクシングの話をするのに驚いた。

新田さんは「他のことは意味不明な話になるのに、ボクシングについてはかみ合って楽しく話をすることができた。ボクシングが袴田さんにとってどれほど大きな存在だったか、ということを感じます」と言う。

新田さんはボクシング雑誌を東京拘置所に持って行き、面会室で袴田さんに見せることがあった。新田さんが雑誌のページを開いて「このように、今は女子のボクシングのチャンピオンもいるんですよ」と言うと、袴田さんは「おなご衆がやるのか」と驚いたこともあった。

二〇一〇年四月、東日本ボクシング協会に続いて、上部組織の日本プロボクシング協会にも袴田巖支援委員会が発足し、新田さんが委員長に就任した。一二年四月には、新田さんと輪島さんらは、ボクシング関係者として初めて静岡地裁と静岡地検を訪れ、再審開始と釈放を求める要請書を提出した。

支援活動を続けてきた輪島さんは私の取材に対し、「警察は、袴田さんがボクサーだからということで目を付けたが、とんでもないことだ。ボクサーほど『勝つ』という一つの目標に向かって苦しいトレーニングを続け、努力する者はいない。袴田さんも当然、そういう苦しいことを一生懸命やってきた、真っすぐな人間なんだ」と、怒りを込めて話した。

熊本元裁判官の告白と苦悩

二〇〇七年一月一七日、東京の支援団体「袴田巖さんの再審を求める会」に一通の手紙が送られてきた。差出人は熊本典道氏。袴田巖さんが死刑判決を受けた一審静岡地裁の裁判官だった。熊本氏は左陪席として判決文を書いた。

手紙には、こう書かれていた。

「判決の日から今日まで心痛はつづいています。一報した理由は、推察いただけるでしょう。最終の合議の結果、二対一で私の意見は敗れ、その上、判決書の作成も命ぜられ、心ならずも信念に反する判決書に一ケ月を要した次第です。その間の様子は、判決書を熟読いただければ判ると思います。ところが、予想に反して、東京高裁が『原判決を破棄しなかった』。二審での弁護活動がどうであったかは知りませんでしたが、全く意外な結論でした……」

裁判官は、合議体による裁判では議論の内容を漏らしてはならないという「評議の秘密」が裁判所法で規定されており、熊本氏の告白は極めて異例だった。

一一日後、「袴田巖さんの再審を求める会」の鈴木武秀事務局長とひで子さん、小川秀世弁護士、「袴田巖さんを救援する清水・静岡市民の会」の山崎俊樹事務局長の四人が、福岡市内のホテルで熊本氏と面会した。

「力が及ばず、申し訳なかった」。熊本氏は、ひで子さんの手を握り、涙声で謝罪した。「もし私が裁判官を続けていれば、間もなく七〇歳の定年。私と袴田君の年齢を考えると、この時期に述べておかなければならない」と、これからの支援を申し出た。

熊本氏は三月九日、東京で開かれた「死刑廃止を推進する議員連盟」の勉強会に出席し、「少なくとも出ている証拠で有罪にするのはむちゃだと思った」と無罪の心証を持った理由を説明した。

勉強会の後で記者会見した熊本氏は、無罪の判決文を書いて他の二人の裁判官にも見せたが、説得できなかったことを明らかにし、「他の裁判官を説得できなかったのは僕の責任だ。書いていた約三五〇ページの無罪の判決文は破り捨てた」と語った。

さらに、六月二五日、熊本氏は再審開始を求める上申書を最高裁に提出した。上申書には次のような記述があった。

「原審判決言い渡しの際の、袴田巖さんが手錠を外され被告人席に来たときの顔、判決言い渡しのときにがっくりときた様子は、忘れようにも忘れられません。自分の親や子供の顔を思い出さない日はあっても、この時のことを思い出さない日は一日もありません」

「評議の秘密を守らなければならないことは十分理解しております。それ故、三九年間沈黙を守ってまいりましたが、そろそろ体力、精神力に自信がなくなってきました。四一年間獄中にある袴田さんの再審を実現させるには、最後のチャンスになると思い、非難を覚悟の上、私の無罪心証を公表したものです」

「人間が人間を裁くことはできません。『疑わしい時は罰せず』という原則に立ち戻るしかないのです。私は死刑は反対です。死刑に代わる制度はあると考えています。ただ、制度を維持する限りは、全員一致で判決を下すこと、一人でも反対すれば、死刑にすべきではないと考えています」

上申書には「良心の呵責に耐えきれず、翌年裁判官の職を辞しました」「この三九年間、有罪判決を書いてしまった責《せめ》を背負ってきました。その重さに耐えかねて、何度か死を選ぼうとしたこともあります」とも書かれていた。

実際、熊本氏は、死刑判決を言い渡した翌年の一九六九年、判事補を退官して東京弁護士会に弁護士登録した。一時は、大手損保会社の顧問弁護士となり、高額の年収を得たこともあったが、酒に溺れた生活がたたり、二度の離婚を経験し、法律事務所も閉鎖する。

「無罪の心証で死刑判決を書いた」と告白した熊本典道元裁判官．この日，袴田さんとの面会のため東京拘置所に赴いたが面会は叶わなかった．右は袴田ひで子さん(2007 年 7 月 2 日．写真：共同通信)

その後は、司法修習同期の弁護士を頼って鹿児島市に転居したが、酒浸りのため肝臓病が悪化し、期日に出廷しないなどのトラブルも続いて弁護士登録を抹消された。熊本氏によると、この間、自殺しようと思い、東尋坊《とうじんぼう》や阿蘇山、ノルウェーのフィヨルドなどをさまよったことがあったという。

熊本氏は手紙を出して半年後の六月三〇日、静岡市清水区の事件現場を訪れ、支援者の案内で被害者の橋本藤雄さん宅の土蔵を線路越しに見ながら「袴田さんを一日も早く釈放するため手助けしたい」と涙声で話した。この日は、四人の被害者の墓にも参り、線香と花束を手向けて「なぜ、警察は関係のない袴田さんと事件を結びつけたのか。これでは被害者も浮かばれず、慚愧《ざんき》に堪えない」と言った。

七月二日には、東京・小菅の東京拘置所を訪れ、袴田さんとの面会を求めたが、認められなかった。この日面会した支援者の山崎俊樹さんによると、袴田さんは、静岡地裁の左陪席だった熊本氏を覚えていて「いい人だったように思う」と語ったという。その話を山崎さんから聞くと、熊本氏は涙を流した。

二〇〇八年三月二四日、最高裁第二小法廷（今井功裁判長、津野修、古田佑紀《ゆうき》、中川了滋《りょうじ》裁判官）は再審開始を認めず、袴田さんの特別抗告を棄却する決定をした。上申書で再審開始を求めていた熊本氏は「残念というしかない」と話した。

その後も、熊本氏は早期の再審開始を求める上申書を静岡地裁や東京高裁に提出したが、二〇二〇年一一月、八三歳で亡くなった。

ひで子さんは、熊本氏についてこう話した。「みんな、判決から三九年もたってから、あんなことをよく言うよと批判するけれど、そんなことはない。よくぞ言ってくれたと思う。熊本さんにとっては、言わなくても済んだこと、それをあえて言ってくれたというのは、本当にありがたいと思っています」

みそ漬け実験結果を新証拠に

第二次再審請求を目指す弁護団は、事件発生から一年二カ月後にみそタンクから見つかった「五点の衣類」の色や血痕の色に注目した。静岡県警の鑑定書の写真を見ると、「長期間みその中に漬け込まれた」という割には、衣類は白く、血痕は赤く見える。このため、第一次再審請求の即時抗告審では「みそタンクに衣類が入れられたのは、発見された一九六七年八月三一日から一カ月以内である」と主張した。

ところが、再審開始を認めなかった二〇〇四年八月の東京高裁の即時抗告審決定には、「衣類がみそタンクに一年余りも漬かっていたような常態が一朝一夕にできるとも思えない」という記述があった。この記述に関する根拠は何も示さなかった。

弁護団の小川秀世さんは、「袴田巖さんを救援する清水・静岡市民の会」事務局長の山崎俊樹さんに声をかけ、衣類の「みそ漬け実験」を始めた。東京高裁の棄却決定にある「みそ漬け衣類が一朝一夕にできるとも思えない」というのが、本当かどうか検証するためだ。

山崎さんらは「みそを水で溶いて衣類を漬けたら、発見された衣類に似たようなものができるのではないか」と考え、二〇〇六年一〇月七日には、静岡市清水区の辻公民館で実験を行った。スポーツシャツ、ズボン、半袖シャツ、ステテコ、ブリーフを用意し、生きた鶏を殺して採取した血液を付着させた。この血染めの衣類を麻袋に入れ、さらにポリ袋に入れて、みそを水に溶かした「みそ汁状の液体」を袋に注ぎ込んで足で二分ほど踏みつけた。こうした一連の作業を経て、麻袋から衣類を取り出してみると、薄い茶褐色に染まり、「五点の衣類」のような色合いになっていた。

「この実験から、みそタンクから見つかった『五点の衣類』は、一、二キロの赤みそと大きめのポリ袋やバケツがあれば、たった一人で誰でも作ることができることがわかりました」と山崎さんは言う。

袴田さんの特別抗告を棄却した二〇〇八年三月二四日の最高裁の決定は、「五点の衣類」について「発見時の状態などに照らし長期間みその中に漬け込まれていたものであることは明らか」と、認定した。

この認定についても何の根拠も示さなかったため、弁護団は、みそ漬け実験の結果を第二次再審請求の新証拠とする方針を決め、再び衣類のみそ漬け実験をすることにした。

これまでのみそ漬け実験には修正が必要な点がいくつかあった。ひとつは、みそを水で溶かした液体につけると、乾燥するうちに血痕は薄く広がり、やがて見えなくなってしまうことだ。

みそ漬け実験開始から1年2カ月後，衣類は茶褐色に染まり，血痕はさらに黒ずんでいた（提供：山崎俊樹さん）

「衣類に付着した血液が、水に溶けていってしまうというのが原因だとわかった。だから、もう水で溶くのは駄目だということで、みそからしたたり落ちた液体の溜まりを使うことにしたんです」と山崎さんは話す。

これまでは、鶏の血を衣類に付着させていたが、今回は、人から採取した血液を使用することにした。できるだけ、「五点の衣類」と条件を同じにするためである。山崎さんは、衣類を「血染め」にするには多量の血液が必要だと考え、採血のために一〇人を集めたが、実際には三人のわずかな血しか要らなかった。
「血は布にすごく広がるんです。『五点の衣類』の血痕は、三〇ミリリットルもあればできるのではないかと思ったほどです」

二〇〇八年四月、溜まりにみそを混ぜたどろどろの液に、血染めの衣類を入れて足で踏みつける実験をした結果、短時間で「五点の衣類」とよく似たものができ上がった。

この実験からわずか数日後の四月二五日、精神状態が悪化した袴田さんの代わりに、「成年後見制度」の保佐人となった姉ひで子さんが、みそ漬け実験結果を新証拠として第二次再審請求した。

みそ漬け実験は当初、弁護団の中で注目されていなかったが、地道に続けていたおかげで、第一次再審請求審の最高裁の棄却決定から一カ月後に、早期の再審請求にこぎ着けることができたのだ。

一方、弁護団と支援者は、血痕の付いた衣類を一年二カ月間、みその中に漬け込む実験も行った。

第二次再審請求から二カ月後の六月三〇日、弁護団と「袴田巖さんを救援する清水・静岡市民の会」のメンバーが、スポーツシャツ、ズボン、半袖シャツ、ステテコ、ブリーフに人血を付着させ、麻袋に入れて醸造から一年経過した六〇キロの赤みそに漬けた。みそはプラスチック容器に入れ、落としぶたをして常温で一年二カ月間、保管した。

一年二カ月後の二〇〇九年八月三一日、マスメディアの記者やカメラマンを集め、公開で、みそ漬けした衣類の取り出し作業をした。赤みそは発酵が進んで茶褐色になり、衣類は、みその成分が浸透したため、同じような茶褐色に染まり、血痕は、みそよりもさらに暗色の黒褐色になっていた。

むらなく一様に黒褐色になっていたため、血痕だとはわからない状態だった。

つまり、一連の実験によって、溜まりとみそを混ぜた液に短時間漬けただけで「五点の衣類」は再現でき、一年二カ月間、みそに漬けた衣類は、みそタンクから発見された「五点の衣類」とは、まったく違う濃い色になるということがわかったのだ。

この後の再審請求審の過程で、弁護側、検察側双方がさらに、さまざまなみそ漬け実験を試みることになり、やがて、みそ漬けした衣類や血痕の色が、裁判の最大の争点になっていく。

取り調べ録音テープを開示

二〇一〇年九月、袴田巖さんの二回の再審請求を通じて初めて、検察側が存在を明らかにしていなかった証拠が開示された。事件発生から一年二カ月後の一九六七年八月三一日、みそタンクから発見された「五点の衣類」のズボンと同じ素材の端切れに関する捜査報告書など二八点だ。

ズボンの裾を切ったような端切れは、袴田さんの実家で同年九月一二日に見つかった。この端切れによって、ズボンと袴田さんが結びつけられ、犯行時の着衣と認定された。

弁護団が捜査報告書を検証したところ、実家で端切れが発見される八日前に、捜査員がズボンの製造元から同じ生地のサンプルを入手していた。また発見の六日後にも、再びサンプルを受け取っていたこともわかった。

弁護団は、サンプル自体の証拠開示を求めたが、検察側は一枚だけ提出し、もう一枚は「見つからなかった」と回答した。弁護団は「同じサンプルを二度入手するのは不自然。最初の一枚を実家で発見したように装ったのではないか」と主張した。

「袴田巖さんの再審を求める会」代表の平野雄三さんは、袴田さんの実家を捜索した捜査員から話を聞き、報告書にまとめて再審請求審に提出した。端切れ発見のいきさつは、すでに記したとおりだ。

二〇一〇年一二月、「五点の衣類」の発見当時の写真など証拠四〇点が新たに開示され、翌一一年一二月には、静岡地裁の勧告を受けた静岡地検が、取り調べ状況を録音したテープや供述調書など一七六点の証拠を開示した。この中には、凶器とされた小刀に関する捜査報告書や袴田さんのパジャマに付着していたとされた血液鑑定書が含まれる。

取り調べ状況を録音したテープの一部を、弁護団が記者会見で再生した。録音の日付は、袴田さんが起訴された後の一九六六年九月二一日。再生したのは、取調官が録音の承諾を求める部分だ。取調官が「今まで僕が君の話を調書にいろいろ書いてきたけれども、今日は僕が君の話をだね。録音にとりたいと思うけれど、君は録音とるということについて承諾してくれるかな」と言うと、袴田さんは「はい、いいです」と答えていた。

裁判所の勧告による証拠開示は、袴田事件では初めてだった。西嶋勝彦弁護団長は記者会見で「大きな前進だ。証拠を基に論点を補充し、一日も早く再審決定をしてもらえるようにしたい」と述べた。

元同僚「一緒に消火活動していた」

第二次再審請求審では、「五点の衣類」に付着していた血液のDNA型鑑定結果が争点になった。第一次再審請求は、最高裁まで審理が続き、棄却されたため、第二次再審請求は再び、静岡地裁から審理がスタートする。

静岡地裁（原田保孝裁判長）は、弁護側、検察側の双方にDNA型の鑑定を委託した。双方が推薦した専門家二人が「五点の衣類」の血痕と被害者の衣類に残っていた血痕のDNA型を比較し、五点の衣類の血痕が被害者のものかどうか調べた。

二〇一一年一二月、その鑑定結果が明らかになった。弁護側の鑑定人は、五点の衣類の血痕すべてから「被害者の血液と同一のDNA型を検出できなかった」と判断したが、検察側の鑑定人は「同一人物である可能性を否定できない」と鑑定し、見解が分かれた。

五点の衣類のうち、半袖シャツの右肩部分に付着した血痕が、袴田さんのものかどうかについてもDNA型鑑定が実施された。二〇一二年四月、弁護側、検察側双方の鑑定結果が相次いで出た。弁護側の鑑定人は「袴田さんのDNA型とは一致しない」と判断し、検察側の鑑定人も「袴田死刑囚のものと完全に一致するDNAは認められなかった」との結論を出した。

この鑑定結果を受け、静岡市で記者会見した弁護団は「検察側の鑑定でも、血痕は袴田さんのものでないことが確認された。再審開始の判断ができる環境が整った」と述べた。一方、静岡地検は「鑑定手法などを検証せずに評価はできず、鑑定人から説明を聞く必要がある」との見解を示した。

衣類のDNA型鑑定をめぐり、静岡地裁は二〇一二年一一月から一三年一月にかけて計四回、鑑定人を尋問した。弁護側の鑑定人は、五点の衣類の血痕には袴田さんと被害者四人に由来するDNA型は含まれていなかったと述べた。

さらに、二〇一三年一一月、袴田さんと同じ工場の寮にいた元同僚二人が事件直後、県警の事情聴取に、「サイレンを聞いて部屋を出ると、袴田が後ろから付いて来て一緒に消火活動をした」と話していたことがわかった。静岡地裁の証拠開示勧告を受け、静岡地検が提出した関係者の供述調書の中に二人の証言があったのだ。

「事件前日の午後一〇時半ごろから鎮火の頃まで袴田の姿を見た者はいない」とする確定判決と食い違い、「事件当時は部屋で寝ていた。火事を知り(同僚)二人の後から出て行った」という袴田さんの主張と一致する。

同僚二人の証言は後に「袴田の部屋に声をかけたが返事はなかった。(袴田は)どこにいたのか知らない」と変わる。この証言の変遷について、弁護団は「捜査員の誘導があったのではないか」とみている。

第二次請求審で、検察側は約六〇〇点の証拠を開示した。これをもとに弁護団は二〇一三年一二月、再審開始を求める最終意見書を静岡地裁に提出した。

最終意見書は、DNA型鑑定の結果から、犯行時の着衣とされた「五点の衣類」と、袴田さんとは関係がないことが明らかになったとした上で、衣類は「何者かが作為して持ち込んだ」と証拠の捏造を指摘した。さらに次のようなことを最終意見書で主張した。

「五点の衣類が見つかったみそタンクは当時、ほとんど空で衣類を隠すことは困難だった」「犯行着衣とされた鉄紺色のズボンは袴田さんには小さ過ぎる。サイズを示すとされた『B』の表記は色を示すもので確定判決は誤り」「事件の前後数時間にわたり誰も目撃していないとされていた袴田さんの姿を同僚二人が事件直後に従業員寮で目撃していた」

死刑停止、四八年ぶりの釈放

袴田巖さんの第二次再審請求審で、静岡地裁(村山浩昭裁判長、大村陽一、満田智彦裁判官)は二〇一四年三月二七日、再審開始(裁判のやり直し)と死刑・拘置の執行停止を決定し、袴田さんの釈放を認めた。

午前一〇時過ぎ、静岡地裁前で弁護士が「再審開始」の幕を掲げると、集まった約五〇人の支援者がどよめき、「万歳!」の声が上がった。姉のひで子さんは「みなさんのおかげ。ただ、うれしい……」と声を震わせ、弁護士の小川秀世さんは涙ぐみ「ありがとう」と言いながら支援者と握手した。ボクシング界を代表して駆けつけた元世界チャンピオンの輪島功一さんは「やったという感じだ。再審開始は当然の決定。最後のゴングだ」と笑顔で話した。

村山浩昭裁判長は決定で、本田克也筑波大教授によるＤＮＡ型鑑定結果から「五点の衣類」は袴田さんの「着衣でない蓋然性《がいぜんせい》が高く、犯行着衣でもない可能性が十分ある」と認定した。衣類と血痕の色は「みそ漬け実験の結果、一年以上みそに漬かっていたとするには不自然で、かえってごく短時間でも、発見された当時と同じ状況になる可能性が明らかになった」と指摘した。

さらに「端的に言えば、最も有力な証拠が着用していたものでもなく、犯行に供された着衣でもなく、事件から相当期間経過した後、みそ漬けにされた可能性があるということである」とした上で、「このような証拠が事件と関係なく事後に作成されたとすれば、証拠が後日捏造されたと考えるのが最も合理的であり、証拠を捏造する必要と能力を有するのは、おそらく捜査機関（警察）をおいて外にないと思われる」「公判において否認に転じたことを受けて、新たに証拠を作り上げたとしても、全く想像できないことではなく、もはや可能性としては否定できない」と、証拠の捏造にまで言及した。

拘置停止の理由として「再審の審判で無罪になる相当程度の蓋然性が認められること」「長期間、死刑の恐怖の下で身柄を拘束されてきたこと」「五点の衣類という最も重要な証拠が捜査機関によって捏造された疑いが相当程度あること」の三つを挙げ、「国家機関が無実の個人を陥れ、四五年以上にわたり身体を拘束し続けたことになり、刑事司法の理念からは到底耐え難い」「拘置をこれ以上継続することは、耐え難いほど正義に反する」という見解を明らかにした。

ひで子さんは、この決定を弟に知らせるため、新幹線に乗り、東京・小菅の東京拘置所へ向かった。拘置所に到着して面会室で待っていると、午後四時過ぎ、袴田さんが現れた。

対面したひで子さんは「巖、再審開始になったよ」と話しかけたが、袴田さんは「うそだ。変なことばっかり言う。もう帰ってくれ、裁判は終わったんだ」と取り合わなかった。

三〇分の面会時間が終わり、ひで子さんは「また明日、説明に来ればいい」と思い、席を立った。

検察側はこの日、拘置の停止決定を取り消すよう静岡地裁に求めたが退けられ、袴田さんの釈放が決定していたが、ひで子さんにはまだ、知らされていなかった。

拘置所の長い廊下を歩いていると、看守長がそばに来て「まだ話があります」と応接室に案内した。ひで子さんが長椅子に座ると、「所持品のダンボール箱が一一個ありますが、ひで子さんの家に送っていいですか。ひで子さんのうちで、これから袴田さんはお暮らしですか」と話しかけてきたが、ひで子さんは、まだ釈放されるとは思っていなかった。

間もなくして、看守長が「いま、本人が来ます」と言うと、紙袋を持った袴田さんが一人でひょこひょこ歩いて、部屋に入って来た。姉の横に腰を下ろした袴田さんは、ぽつんと言った。「しゃくほう……された」

「よかったねえ！」。ひで子さんは喜びの声を上げ、弟の手を握りしめた。面会室は、二人の間にアクリル板があり、遮《さえぎ》られて触れ合うことはできない。弟の手を握ったのは、いつの日以来だろうか。「巌の手は温かく、柔らかい」とひで子さんは思った。

静岡県清水市の「こがね味噌」専務宅で事件が起きた一九六六年六月三〇日は、ビートルズが東京の日本武道館で初来日公演をした日だ。袴田さんが逮捕されてから四八年の歳月が流れていた……。

袴田さんとひで子さん、弁護士らは、車で浜松市へ向かった。袴田さんは、窓の外の風景をじっと見ていたが、途中で車に酔って吐き、服を汚してしまったため、帰宅するのをあきらめ、都内のホテルの部屋を予約して宿泊することになった。

ひで子さんに、袴田さんが釈放された時の気持ちを聞くと、「うれしくて、舞い上がってしまった。それまでの苦労も嫌なことも、全部すっ飛んじゃった」と振り返った。

再審開始決定を出した村山浩昭裁判長は退官して現在、弁護士をしている。二〇二三年二月、私は村山さんにインタビューし、袴田さんを釈放したことについて聞いた。

村山さんは「裁判所が命じて拘置の執行を停止したのは初めてだと思う。懲役刑の場合、刑の執行が停止されれば身柄は解放されるが、死刑の場合は、死刑という刑の執行が停止されるだけでは、刑ではない拘置は続いてしまう。これは著しく不均衡だ」と話した。

また、拘置の停止をした理由については「決定に書かれているとおりだ。五点の衣類という最重要証拠に捏造の疑いがあり、当時の袴田さんの心身の状況も考慮すると、これ以上身柄拘束を続けるのは『耐え難い』のです」と述べ、「拘置の停止を東京高裁も、最高裁も取り消していない。逆に言うと、拘置の停止は合法であり、死刑に付随する前段階の拘置の停止も刑事訴訟法の『刑の停止』の規定でできると考えている」と語った。

袴田さんの釈放という明るいニュースの陰で、不幸な出来事が起きた。一九六六年に起きた橋本藤雄さん一家四人殺害事件で、唯一難を逃れた長女の昌子さんが死去していたことが明らかになったのだ。昌子さんは、全焼した橋本さん宅を建て替えた自宅に一人で暮らしていたが、袴田さんが釈放された翌日の二八日、訪ねてきた家族が亡くなっているのを見つけた。死因は明らかになっていない。六七歳だった。

昌子さんは事件当日の夜、旅行から帰り、祖父母が暮らす別棟で就寝したため難を逃れた。昌子さんは、精神疾患に悩み、数年前に夫を亡くしてからは病気がちになり、家族が様子を見るためたびたび訪れていたという。

戻った自由な時間、検察は抗告

静岡地裁の再審開始と死刑・拘置の執行停止決定を受け、東京拘置所から釈放された袴田巖さんは姉のひで子さんと一緒に三月二七日、東京都内のホテルに宿泊した。

袴田さんは、服を着たままベッドで眠ったが、翌二八日の明け方、「暑い」と言って、ズボンと靴下を脱いだ。二人は午前七時ごろ起床した。

ホテルの部屋から海を眺めながら、ひで子さんが「浜名湖の弁天島に似ている」と故郷の風景になぞらえると、袴田さんは「ここは(静岡県の)大井川か」と尋ねた。袴田さんは朝食で、ごはんを茶碗に三分の一とみそ汁、ショートケーキを食べた。

ひで子さんは、釈放から一晩たった心境について「隣で弟が眠っているのを見て、夢でも見ているような不思議な気持ちになった。将来は浜松で一緒に暮らしたい。弟も自由の身になったことをより自覚しているようだ」と報道陣に話した。

袴田さんは、浜松市への帰郷をいったん取りやめ、都内の病院で健康診断を受けた結果、糖尿病の疑いがあることがわかった。「どこも悪くないから、医者なんかかかりゃせん」と袴田さんは不満を漏らしたが、四八年に及ぶ拘置が心身に与えた影響などを考慮して、西嶋勝彦弁護団長の旧知の医師がいる東京都東村山市の多摩あおば病院に入院した。

西嶋さんは、東京高検の秋山実公判部長と面会し、静岡地裁の再審開始決定に対し即時抗告しないよう要請した。面会後、西嶋さんは「秋山部長は承りましたと言っていたが、高検の判断は何も言わなかった」と語った。袴田さんの釈放を認めた拘置の執行停止決定に対し、検察側は抗告していたが、東京高裁はこの日、抗告を棄却し、袴田さんが再収監されることはなくなった。

弁護団は最高検にも、再審開始決定に対し即時抗告しないよう求めていたが、静岡地検は申し立て期限である三月三一日、地裁の決定を不服として東京高裁に即時抗告した。即時抗告により、静岡地裁でのやり直しの裁判は開かれなくなり、再審請求をめぐる裁判(即時抗告審)がまた東京高裁で始まる。再審開始が確定するまでに、さらに時間がかかることになってしまった。

冤罪被害者を救済する再審制度は本来、やり直し裁判である再審公判を速やかに開き、その法廷で、弁護側と検察側が争うべきだ。ところが、日本では、本来、やり直し裁判を開くかどうかを決めるだけの再審請求審が、事実上の「決戦の場」のようになってしまい、検察側は再審開始決定に対し、即時抗告などの不服申し立てを繰り返し、やり直し裁判を開かせないようにしているのが実情だ。

静岡地検は即時抗告について「合理的な根拠もないのに警察が証拠を捏造したとしており、到底承服できない」というコメントを発表した。

ひで子さんは「無罪の証拠が明らかになっているのに、いたずらに長引かせないでいただきたい。検察もメンツがあるので即時抗告したのでしょう。残念ですが頑張っていきたい」と話した。

第七章　帰郷

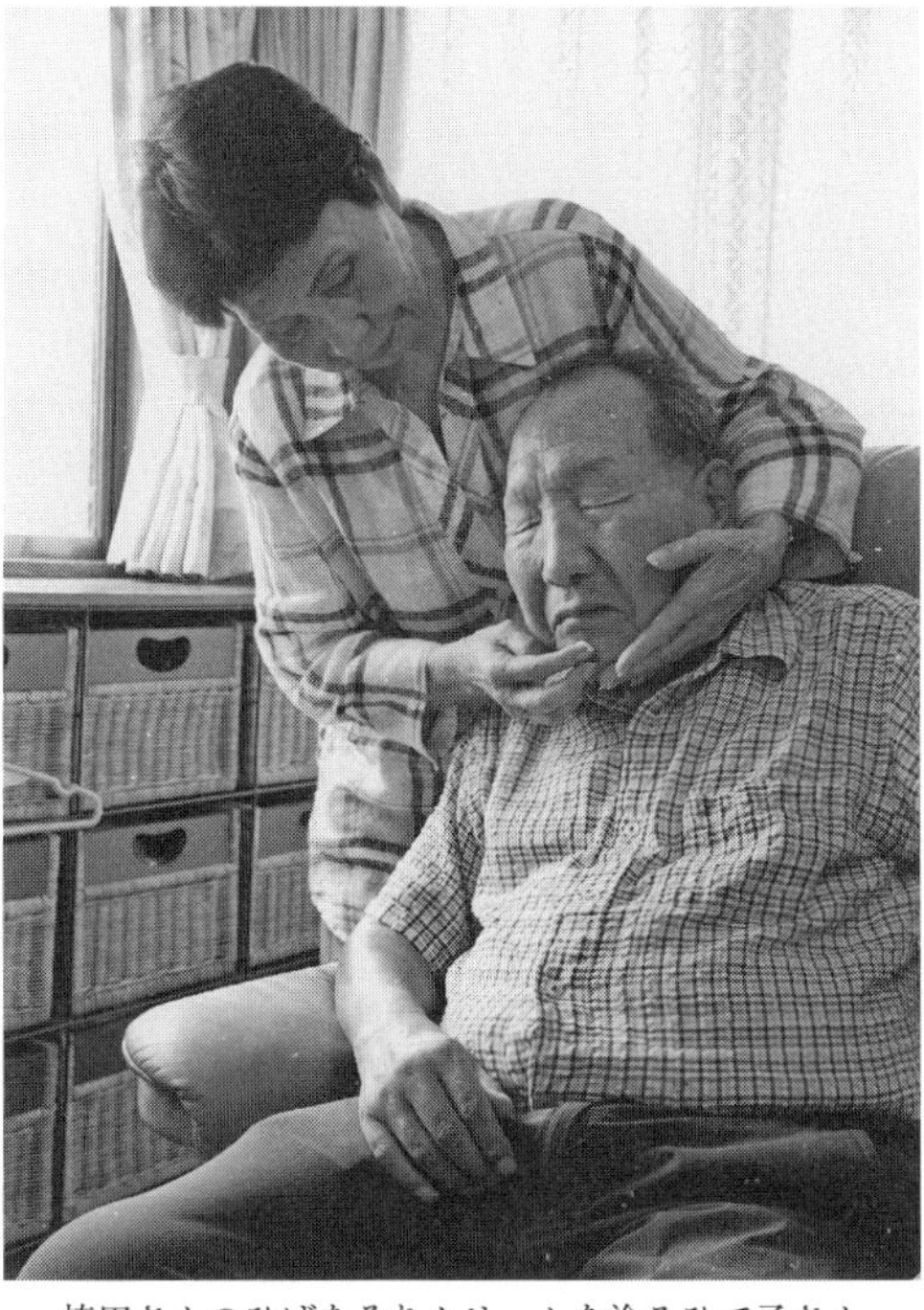

袴田さんのひげをそりクリームを塗るひで子さん
(2021 年 8 月 20 日，自宅にて．写真：共同通信 堀誠)

名誉チャンピオンベルトを手に

ボクシングの世界タイトルマッチが開かれた東京・大田区総合体育館で二〇一四年四月六日、世界ボクシング評議会（WBC）が、元プロボクサーの袴田さんに名誉チャンピオンベルトを授与した。釈放から一〇日。袴田さんはまだ入院中のため、代理でひで子さんがベルトを受け取った。

リング上で行われた授与式でWBCのマウリシオ・スライマン会長が「名誉チャンピオンベルトを贈呈できることを光栄に思う」と挨拶し、ひで子さんは「ボクシング界の皆さまにはお世話になりました。ありがとうございました」とお礼の言葉を述べ、ベルトを高々と掲げた。観客席から拍手と歓声が起きた。

袴田さんが受け取ったベルトは、本物の世界チャンピオンベルトと同じ仕様で、袴田さんの写真もプリントされている。WBCは過去に、米国の元プロボクサー、ルビン・カーター氏に名誉ベルトを授与したことがある。カーター氏は殺人事件で有罪となり、一九年間、服役した後に無罪となったことで知られる。日本ボクシング協会が「袴田さんは日本のルビン・カーターだ」と訴えたことを受け、WBCが支援を表明し、ベルト授与につながった。

翌月の五月一九日、東京・後楽園ホールで開催された「ボクシングの日」のファン感謝イベントには袴田さん本人が出席し、WBCから贈られた名誉チャンピオンベルトをじかに手にした。

リング上で金色に輝くベルトを受け取った袴田さんは、Vサインをして深く一礼した。ベルトを掲げて自身の腰に巻くと、観衆から拍手喝采が起き、報道陣のカメラの前で、拳を握ったファイティングポーズをとった。

この日、袴田さんは、入院中の多摩あおば病院から後楽園ホールに来た。ひで子さんによると、病院の外出届に「後楽園に帰る」と書いたという。プロボクシングの聖地とも言える後楽園ホールは、袴田さんにとって故郷のような場所なのかもしれない。

多摩あおば病院で、袴田さんの主治医になった中島直氏が、雑誌『精神医療』に寄せた手記によると、袴田さんの様子は、次のようだったという——。

WBCから贈られた「名誉チャンピオンベルト」を着け，声援に応える袴田さん(2014年5月19日，後楽園ホール．写真：共同通信)

入院手続きの時、書類に「袴田巖」と書いてあるのを見て「これは自分の名前ではない」という意味のことを言った。その後も自分の名前を否定していたが、「袴田巖」の名札を掲げた病室に、間違えずに入室していた。「袴田さん」と呼ぶと、視線を合わせ、時には返事もした。

最初は病室にいることが多かったが、徐々に病棟のホールに出て来て、テレビの前の席に座るようになった。薬については「飲まない。病気じゃないから薬なんか飲んだら病気になっちゃう」と主張し、下痢や嘔吐《おうと》したときの胃腸薬を除くと、摂取を拒否した。そのほかの体温や血圧、血糖値の測定などの医療行為には協力的だった。

病棟にあるジュースの自動販売機の使い方を教えると、最初は、それまで見たこともなかった五〇〇円玉に驚いていたが、すぐに使い方を覚えた。面会者に、自分が自販機で買ったジュースを振る舞うこともあった。

中島氏はある日、袴田さんを表に連れ出し、桜が咲く並木道のベンチに腰かけてボクシングや郷里の浜松の話をした。袴田さんは相槌《あいづち》を打つだけだったが、「自由になれると、いいんだな」と、ぽつりと言った。

六〇歳からマンション一棟建設

故郷の浜松市の病院に転院するため、袴田巖さんは五月二七日、ひで子さんと一緒に、多摩あおば病院を車で出発し、東京駅へ向かった。

東京駅では、支援者に拍手で迎えられ、東海道新幹線のホームに上がった。狭山事件で無実を訴え、再審を求めている石川一雄さんも見送りに訪れた。二人は同じ時期に東京拘置所にいたことがあり、旧知の間柄だ。

袴田さんが新幹線に乗るのは初めてだった。「乗り心地がいい……」と感想を漏らし、途中から富士山が見える席に移り、車窓から生まれ育った静岡県の景色を眺めていた。

浜松駅に到着すると、「巖さん　おかえりなさい」のプラカードを掲げた出迎えの支援者に向かってVサインをして応えた。記者会見した袴田さんは「気分は悪くない。浜松に戻ってきて一段落だ」と話した。

袴田さんは、浜松市の聖隷浜松病院に入院した。ひで子さんと病院の周辺を散歩したり、テレビで時代劇を見たりして過ごすうちに、口数が少なかった袴田さんは、ひで子さんや支援者らに自ら声をかけるようになった。

六月二九日、事件が起きた静岡市清水区(旧清水市)を四八年ぶりに訪れ、支援集会に参加した。袴田さんが「袴田巖は無実。よろしくお願いします」と挨拶すると、支援者から拍手が起きた。

集会前に、袴田さんは支援者と一緒に弁当を食べ、食後には会場周辺を散策し、前から「行きたい」と話していた清水港も訪れた。この日は退院に向けて、浜松市内のひで子さんの自宅に宿泊した。翌日、病院に戻る予定だったが「行かない」と言いだし、連泊することになった。七月一日になっても同じ態度だったため、ひで子さんが電話で医師と相談し、退院が決まった。

ひで子さんの自宅は、浜松市中心部の住宅街にある四階建てマンション最上階の部屋だが、このマンション一棟すべてを所有している。

ひで子さんは還暦を前に、銀行から約九四〇〇万円の融資を受け、旧浜松市役所跡に近い土地を購入して建設に着手した。

「最初は、一軒家にしようと思っていた。東京拘置所に行かなくてはならないので、浜松駅に近くて、隣近所がうるさくない所はないかと探していたら、崖の下で、つぶれかかったような空き家のある土地が安く見つかったんです」とひで子さんは言う。六一歳の時、白壁のマンションが完成した。

ひで子さんは、コーヒーなどを扱う食品会社で経理を担当していた。実務は、若い頃勤めていた税務署で覚えた。社長が、取引先会社の経理の仕事をあっせんしたため、給料外の収入もあった。高額ローンを組めた理由のひとつは、日頃の経理の仕事で、銀行に信頼を得ていたことが挙げられる。

ひで子さんは、会社が倉庫として利用していた民家の二階にただで住み込み、完成したマンションの部屋を賃貸にしてローン返済に充てた。一八年後にローンを完済し、七九歳で初めて自分の所有するマンションに移り住んだ。

「借金を返すうちは、死にたくはならないだろうと思ってやっていたんです。もともとは、自分を励ます意味でやった。巖が実際、拘置所から出てくるかどうかもわからなかったんだから」

「もし巖が帰ってくることがあれば、一緒に住もう」というひで子さんの夢は、八一歳になってようやく叶った。

マンション四階にあるひで子さんの自宅で暮らし始めた袴田さんは、最初の二カ月間、毎日、家の中をひたすら歩き回った。「一歩も外に出ないで、汗びっしょりになりながら、日によっては一〇時間も歩いていた」とひで子さんは振り返る。

袴田さんは約四八年間、身柄を拘束されていた。死刑確定後は外部との接触が厳しく制限される中、東京拘置所の独居房で死刑の恐怖にさらされながら過ごした。やがて拘禁症状が現れ、食事時間以外は、三畳間に洋式トイレと洗面所がある独居房の中をぐるぐると歩き回るようになる。その習慣行動を釈放後も続けていたのだ。

就寝の時は、体を真っすぐにして寝返りも打たなかった。明かりは消さず、ひで子さんが近くを通ると、びくっとして目を覚ました。

また、いったんトイレに入ると、長時間出てこなかった。ひで子さんは「独居房で腰かけられる所はトイレの便座しかなかった。だから考え事をする時などに、トイレに腰かける習慣が抜けなかった」と言う。

家の中のドアや窓が開いていると、気になってすぐに閉めた。「私がトイレの小窓を開けると、すぐに閉める。また開けても、また閉めるの繰り返し。これも拘置所生活の後遺症だと思う」

八月二八日深夜、袴田さんがトイレで倒れているのをひで子さんが見つけ、浜松労災病院に搬送した。肺炎の症状があったが、詳しく検査した結果、胆石による炎症が見つかり、九月五日、胆嚢《たんのう》を摘出する手術を受けた。さらに狭心症の疑いがあるため、心臓の血管を広げるステント（網状の筒）を血管の二カ所に入れる手術も受け、九月二九日に退院した。

袴田さんは食事の時、「神」「儀式」などの言葉を交えた呪文のようなものを唱えていたが、姉との暮らしに慣れるにしたがって、言わなくなった。

ひで子さんは「買い物に行くから、重い荷物を持ってほしい」と言って、袴田さんを少しずつ表に連れ出していたが、手術後は一人でも外出するようになった。

「巖は最初、目がつり上がって能面のように無表情だった」。ところが、ある日、姉の前で初めて大きなあくびをした。「あらま、巖があくびをしたじゃない」。緊張を解き、和らいだ表情の弟を見て、ひで子さんは驚き、喜んだ。袴田さんが同居してから一年が過ぎていた。

五点の衣類のネガ「発見」

静岡地裁が出した袴田巖さんの再審開始決定に対し、静岡地検が即時抗告したため、審理は東京高裁の即時抗告審に移った。

東京高検は二〇一四年七月一七日、抗告理由を説明した補充意見書と新たな証拠を東京高裁に提出した。この補充意見書には、事件発生から一年二カ月後、みそ工場のタンクから見つかった「五点の衣類」のカラーのネガフィルムが「静岡地裁の決定後に警察で発見された」と記載されていた。

弁護側は、再審請求審の地裁段階からフィルムの開示を求めていたが、検察側は「存在しない」と答弁していた。

東京高裁で八月五日に開かれた裁判所と検察側、弁護側による三者協議で、弁護側が説明を求めると、出席した検察官は「（静岡地裁で）事実に反する答えをした。率直に謝罪する」と述べた。三者協議後に記者会見した西嶋勝彦弁護団長は「地裁段階で検察側から二回説明を受けたが、あるのにないと答弁した意味は重要。故意の証拠隠しだ」と批判した。同席したひで子さんは終始、硬い表情のままだった。

静岡県警の大島典之刑事部長は八月の定例記者会見でネガ発見の経緯を聞かれ、「たまたま発見した」と説明した。九月九日には、袴田さんを支援する市民団体が「悪質な証拠隠しは黙認できない」として東京高検に抗議した。支援団体は抗議書に「即時抗告の直後に重要な証拠が発見されるのは極めて不自然で、証拠隠しと疑念を持たれても仕方がない」と書き、批判した。東京高検は翌一〇日、「五点の衣類」のネガ約九〇枚を東京高裁に提出した。

このネガは衣類の発見直後に、県警がメーカーに特注した大判のカラーフィルムで撮影されており、プリントすると、衣類や血痕の色が鮮やかに再現された。確定判決は「五点の衣類」が犯行着衣であるとして有罪の最大の根拠にした。死刑確定前に、このカラーのネガが開示されていれば、判決に大きな影響を与えたのは間違いない。

一〇月には、袴田さんの取り調べを録音したオープンリールのテープが、静岡県警の倉庫から見つかった。検察側は二〇一五年一月、このテープの録音データを記録したディスク二四枚を弁護団に開示した。

テープの保存状態が悪かったため、ノイズが入り、録音が途切れる部分もあったが、弁護団が内容の解析を進めた結果、録音の中に、当時の弁護士が袴田さんに接見した時の会話があった。県警が、接見を盗聴していたことが疑われた。

また、取り調べで袴田さんがトイレに行きたいと訴えたのに、取調官が「便器をもらってきて、ここでやらせればいいから」と言うやりとりや、「袴田、返事をしなきゃ駄目じゃないか。返事をしなさい、返事を」と執拗に迫る声も残されていた。「お前は四人を殺した犯人だ」「死んでいった四人に謝ってみろ」と、二人の取調官が交互に声を荒らげる様子も録音されていた。

弁護団は二〇一六年一二月二一日、「静岡県警が袴田さんを自白させた取り調べに違法な職務犯罪があった」として、再審請求理由の追加を東京高裁に申し立てた。申立書によると、①袴田さんをトイレに行かせず取調室内で用を足させた特別公務員暴行陵虐《りょうぎゃく》罪、②弁護士との接見を無断で録音した公務員職権濫用罪、③警察官による裁判での偽証罪――という三つの職務犯罪があったとしている。

散歩に付き添う「見守り隊」

浜松労災病院で二〇一四年九月、心臓の血管拡張と胆嚢摘出の手術を受けた袴田さんは、退院してから一人で表を歩くようになった。

最初は、近隣の公園や浜松駅周辺を散歩した。「応援してるよ」「体に気をつけて」。ニュースで袴田さんのことを知った浜松市民が声をかける。袴田さんが街歩きする姿は、いつしか地元でなじみの風景になっていった。

市内を流れる馬込《まごめ》川に沿って遊歩道がある。袴田さんがアマチュアボクサーのころ、ロードワークで走っていた道だ。ある日、袴田さんはこの道を南下して遠州灘に面した浜辺まで行ってしまったことがあった。

ひで子さんが振り返る。「夜の九時になっても帰って来ない。暑い頃だから、もし野宿になってもいいや、朝になって明るくなったら帰ってくると思っていたの。そしたら、一〇時ごろになって帰宅した」。袴田さんは浜辺の石に足を取られて転び、けがをしていた。

「そういうことがあってから、巖には、浜松駅前のアクトタワーを目標に歩くようにしてもらった」。浜松アクトタワーは高さ約二一二メートルの超高層ビル。遠くからもよく見えるランドマークだ。袴田さんは、アクトタワーを目印に駅まで来ると、迷わずに帰宅できた。

二〇一七年七月一三日、袴田さんは自宅近くの公園で石段から転落した。顔や右腕、右脚に傷を負って、救急車で病院に運ばれた。この事故をきっかけに、支援者が交代で袴田さんを見守る活動を始めた。毎日、午前と午後に分けて一人ずつ散歩に付き添うようになったのである。後に、支援者によって「袴田さん見守り隊」が結成される。

「午前は浜松城の方から浜松駅まで回って帰ってくることが多く、午後は家から二キロほどの静岡文化芸術大まで歩くことが多かった。午前は、いつ出かけるかわからない。いきなり出かける時もあり、大変でした」。唯一の男性メンバーである清水一人《かずひと》さんが「見守り」を始めた頃を回想する。

袴田さんは散歩の途中、急に立ち止まり、動かなくなる。それが一時間以上になることもあった。「閉店してシャッターが閉まった商店や百貨店跡の空き地などに興味があって、見ながら何かつぶやいていました」

清水さんがある日、立ち止まっている袴田さんに「何をしてるんですか?」と聞いたところ、「ここにボクシングジムを建てるんだ」と答えたという。

取調官や刑務官を思い出すのか、袴田さんは男性に警戒心を見せる。清水さんの同行も嫌がっていたが、数年前から態度が一変し、会話もできるようになった。「最近は、缶ジュースを二本買って『はい、これ飲んで』と手渡してくれることもあります。最初はびっくりしましたけど」。清水さんは笑顔になった。

「見守り隊」代表の猪野《いの》待子《まちこ》さんは、ほぼ毎日、袴田さん宅を訪れ、昼食を作って食卓を共にしている。袴田さんとひで子さんが遠方に出かける時は三人で同宿する。ひで子さんだけが外泊する時は、代わりに自宅に泊まり、袴田さんの面倒をみている。

猪野さんが、支援活動を通じてひで子さんと親しくなり、袴田家の家事手伝いをするようになったのは二〇一七年の正月からだ。この年の訪問日数は三〇〇日に達し、袴田さんと一緒に食卓についた回数も二〇〇回近くになった。翌年に入ると、さらに二人との距離が近くなり、ほぼ毎日、昼食を一緒にとるようになる。今では、ひで子さんを「お姉さん」と呼び、家族のような関係になった。ひで子さんも猪野さんを妹か娘のように思い、頼りにしている様子がわかる。

猪野さんは、袴田さんやひで子さんの日常を綴ったブログを続けており、二〇二二年二月には、弁護団を通じて「袴田巖さんの現状についての報告書」を差し戻し審の東京高裁に提出した。

この報告書には「袴田さん姉弟の人間的魅力が私を捉えて離さなかったから、家を訪問して手伝いをしている」と書かれている。袴田さんに惹かれたのは、獄中の手紙や日記を集めた本『主よ、いつまでですか』を読んだからとした上で、「身に覚えのないことで死刑宣告までされている不条理の表出、その哀切で美しいまでに見事な表現が心を揺さぶらずにはおかない」と綴っている。

袴田巖さんの街歩きに付き添う支援者が、裁判資料を調べて無罪の立証につながる事実を発見したケースもある。

「見守り隊」メンバーの藤原よし江さんは、袴田さんが逮捕された一九六六年八月一八日の警察の記録に、右脚すねの傷について何も書かれていないことを突き止めた。

袴田さんは、被害者の「こがね味噌」専務と格闘して脚のすねを蹴られたと「自白」した。同年九月八日の医師の鑑定書には右脚のすねに四カ所、比較的新しい打撲や擦り傷があると記されている。

一方、みそタンクから発見された「五点の衣類」の一つで、犯行着衣とされた鉄紺色ズボンの右脚前面部分には、かぎ裂き状の損傷があった。控訴審の東京高裁判決は、脚の傷とズボンの損傷を結びつけ、「自供内容に相応する」として有罪の根拠の一つにした。

藤原さんは、事件発生時の傷が二カ月以上たっても「比較的新しい」状態で残っていることに疑問を持ち、逮捕された日に作成された静岡県警の鑑定書を調べてみると、右脚すねの傷についてまったく触れていなかった。

この事実を聞いた弁護団は二〇一五年一一月、鑑定書に写真が添付されていなかったため、県警が逮捕直後に撮影した袴田さんの身体写真などの証拠開示を検察側に命じるよう即時抗告審の東京高裁に申し立てた。これに対し、検察側は「逮捕時の写真、ネガフィルムはない」と回答したが、逮捕当日に清水署巡査部長が作成した身体検査調書を開示した。

この身体検査調書にも、右脚すねの傷に関する記載はなかった。さらに、弁護団は留置人名簿の記録も調べた。通常、逮捕した容疑者を留置する場合、裸にして不審物の持ち込みなどを調べるが、留置人名簿にも右脚の傷の記録はなかった。

弁護団は二〇一六年五月、「検察が逮捕時にすねの傷があった証拠を出せないということは、確定判決の事実認定に重大な誤りがあったことになる」という補充意見書を提出した。検察側は約一年経った後に、「右脚すねの傷は存在したが、身体検査・鑑定が極めて短時間だったことなどから見落とされた可能性も否定できない」とする意見書を出した。

弁護団は、袴田さんの右脚の傷は逮捕後の取り調べ中に、警察官の暴行によって生じた可能性があり「ズボンのかぎ裂きの損傷は、袴田さんの『自白』に合わせるため、捏造されたものだ」と主張した。

藤原さんは「私が疑問に思ったことを弁護団が取り上げてくださり、意見書を裁判所に提出できたのはよかった」と話す。

藤原さんは、血痕の赤みについての鑑定にも貢献している。「袴田さんの力になりたい」と思い、藤原さんは血痕の色に関する独自の実験を始めた。自宅で血痕のある布を片っ端から調味料に漬けると、酢やレモン汁で赤みが消えた。この実験の結果から、弁護団は、赤みが消えるメカニズムに酸が関係していると考え、旭川医科大学に鑑定を依頼した。そして、鑑定の結果、血液が弱酸性で高い塩分濃度のみそに触れると、赤血球の膜が破れ、流れ出た赤色のヘモグロビンが化学反応で黒色化することがわかった。この鑑定が、東京高裁の再審開始決定につながることになる。

強引に開始決定を取り消した東京高裁

袴田巖さんの第二次再審請求で、東京高裁（大島隆明裁判長、菊池則明、林欣寛裁判官）は二〇一八年六月一一日、静岡地裁の開始決定を取り消し、再審開始を認めない決定をした。

大島隆明裁判長は決定で、地裁が再審開始決定の根拠にした本田克也筑波大教授のDNA型鑑定の手法について「科学的原理や有用性に深刻な疑問があり、結果は信用できない」と結論付けた。

地裁は衣類や血痕の色が「一年以上みそに漬かっていたとするには不自然」と指摘したが、「(判断の基にした)カラー写真は劣化や撮影時の露光の問題で、発見時の色合いが正確に表現されていない」と否定した。地裁が言及した捜査機関による証拠捏造の可能性については「具体的な根拠に乏しい」とし、確定判決に合理的な疑いはないとした。

右脚のすねを被害者に蹴られたという袴田さんの「自白」に合うように、「五点の衣類」のズボンの右脚部分に損傷があることが有罪の根拠の一つになったが、逮捕日の調書に右脚の傷の記載がないため、弁護団は「ズボンの損傷は捏造されたもの」と主張した。

これについて決定は「全裸にでもしない限りはズボンに隠れている場所の傷まで発見することは困難」と述べ、「蹴られることでかぎ裂き状の損傷がズボンにできる可能性は低い」と認めながら、「仮に捜査機関が捏造するのであれば、自白でも説明されていない損傷をズボンに作るとは考え難い」と証拠の不自然さを逆手に取り、強引に捏造を否定した。

袴田さんはこの日、浜松市の自宅にいたが、支援者の猪野待子さんらと一緒に、同市浜北区の岩《がん》水《すい》寺《じ》に出かけることになった。岩水寺は、袴田さんが子どもの頃過ごした町にあり、遊び場にしていた場所だ。

「見守り隊」の清水一人さんが運転する車で寺に向かった。報道陣の車列が続いた。途中、弁護団から「再審開始決定取り消し」の連絡が入り、車内は静まり返った。

岩水寺では、本殿に向かう坂道を歩いていた袴田さんに、テレビ局の記者が「先ほど高裁が再審を認めない決定を……」とマイクを向けると、「そんなの、うそなんだよ」と、袴田さんは強い口調で言った。

ひで子さんは、弟が再収容される事態になれば「巖の代わりに私が拘置所へ入る」と話していた。「ひで子さんの言葉を聞いて、私たちは実力行使も辞さないで抵抗しようと考えていた」と清水さんは言う。しかし、高裁は「死刑と拘置の執行停止」を覆さなかった。

記者会見したひで子さんは「身柄が拘束されないのでひと安心。いい知らせだったら皆さんにおめでとうと言われるように、(弟を)連れて歩きたいと思っていた。いつか絶対にできると思っています」と話した。

西嶋勝彦弁護団長は「違法捜査で仕立て上げられた事件なのに、高裁決定でその点がうやむやにされている。とても承服できない。一日も早く再審公判の道をたどり、無実を明らかにしたい」と述べた。弁護団は一八日、東京高裁決定を不服として最高裁に特別抗告した。

熊本元裁判官との対面

四八年間の拘置による拘禁症状で、袴田巖さんは、別人格になった妄想にとらわれることがある。

二〇一八年一月八日、「見守り隊」の猪野待子さんが昼食の準備のため浜松市の袴田さんの自宅を訪れると、「今日はローマへ出かけることになっている」と言った。

東京拘置所でカトリックの洗礼を受けた袴田さんは、ローマ教皇になったと思い込むこともあった。このやりとりを聞いたひで子さんは「よし、わかった」と答え、福岡市の病院に入院中の元裁判官熊本典道氏のもとに袴田さんを連れて行こうと即断。午後の新幹線に乗り込んだ。

翌日の九日に訪れた病室の熊本氏は、脳梗塞の後遺症でベッドに寝たきりだったが、ひで子さんが「熊本さん、連れてきたよ」と声をかけると、目を開き、袴田さんを見ながら「いわお……」と声を振り絞り、涙を流した。

静岡地裁の裁判官だった熊本氏は、袴田さんが無罪との心証を持ちながら死刑判決を書いたと告白した。ひで子さんと以前、面会した時に「浜松に行き、謝りたい」と話していたが、病状悪化で実現していなかった。

ベッド脇に立つ袴田さんは黙って熊本氏を見つめた。二人が会うのは、判決公判で対面して以来、約五〇年ぶりだった。

二〇一九年一一月二五日、来日したローマ教皇フランシスコが東京ドームで執り行ったミサに、袴田さんとひで子さんの二人が招待され、祈りをささげた。

黒のスーツとちょうネクタイ、ソフト帽姿の袴田さんは、ステージに近い前方の席に座った。教皇がオープンカーに乗って登場すると、帽子を脱いで立ち上がり、その姿を静かに見つめた。

死刑が確定した後、袴田さんは外部との接触が制限された東京拘置所の独居房で、死の恐怖におびえながら過ごした。その苦しみの中、信仰に救いを求め、一九八四年のクリスマスイブに教誨室で洗礼を受けた。洗礼を受けた日から三五年の歳月が流れていた。

最高裁第三小法廷（林道晴裁判長）は二〇二〇年一二月二二日、再審請求を棄却した東京高裁決定を取り消し、審理を高裁に差し戻す決定をした。

決定は、弁護側のDNA型鑑定の信用性を否定した一方、「五点の衣類」の血痕の変色状況について「審理が尽くされていない」と判断した。

五人の裁判官のうち、外交官出身の林景一裁判官と行政法学者出身の宇賀克也裁判官の二人は「みそ漬け実験から五点の衣類が犯行直後でなく発見直前に隠された可能性が生じ、隠したのは第三者となる。DNAは劣化の問題があるが、衣類に多量の血液が付着したはずで、微量でもDNAが検出されるのは不思議ではない。いずれも確定判決に合理的な疑いを生じさせる新証拠だ。審理差し戻しでさらに時間をかけることには反対で、再審を開始すべきだ」という反対意見を出した。再審請求の特別抗告審で賛否が割れたのは初めてだった。

血痕の色めぐり激しい応酬

事件発生から一年二カ月後に見つかった「五点の衣類」が、半世紀を超える長期裁判の行方を左右してきた。

検察側は、「五点の衣類」が犯行時の着衣であり、袴田巖さんが事件直後、タンクの中に隠したと主張した。一方、弁護側は、衣類の血痕に赤みが残っていることから発見直前に何者かがタンクに入れたもので、袴田さんの着衣ではないと主張。静岡地裁の再審開始決定に結びつけた。

最高裁決定は、衣類の血痕の色について化学的根拠に基づいた判断をするべきだとして、審理を東京高裁に差し戻した。

「一年以上みそに漬かった衣類の血痕に、赤みが残る可能性があるかどうか」。東京高裁では、この争点に絞って、専門家の意見も踏まえながら審理することになった。

弁護団は二〇二一年一一月、「みそに漬けた場合、数カ月で黒色化し、一年以上では血液の赤みが残ることはない」とする鑑定書を高裁に提出した。鑑定書は複数の法医学者が実験をもとに作成した。

これに対し、検察側は静岡地検の一室で独自にみそ漬け実験を実施し、「一定の条件下であれば約五カ月後でも血痕に赤みが観察された」とする意見書を提出。地検での実験を弁護団に公開した。

高裁はまた、弁護側、検察側合わせて五人の専門家の証人尋問も実施した。弁護側の法医学者二人は「検察側の実験は、みその中に脱酸素剤を入れて酸素濃度を下げ、温度も一定になるよう管理している」と指摘し、「普通のみそ漬けの条件とはかけ離れている」と手法を疑問視した。

検察側の法医学者は「みその量や酸素濃度などによって赤みが消える速さは異なる。一年後にも赤みが残る可能性がある」などと述べた。

検察側は二〇二二年一二月二日に提出した最終意見書で、高裁が再審請求を棄却した場合は「刑の執行停止を取り消し、身柄を収容すべきだ」と主張。弁護団や支援者らは、この姿勢を批判した。

三日後の一二月五日、三者協議が高裁で開かれる前に、袴田さんは大善《だいぜん》文男裁判長と面会した。大善裁判長の問いかけに対し、袴田さんは「事件はない」「俺はもう無罪になっている」などと語った。

弁護側の最終弁論の後、ひで子さんが意見陳述した。「巖は五六年間も無実を訴えて参りました。真の自由を与えてくださいますようお願い申し上げます」

再審開始決定に喜びの声

浜松市の住宅街に立つマンションの四階。袴田巖さんとひで子さん姉弟の自宅に二〇二三年三月一〇日、すしや鍋料理などのごちそうが並んだ。

八七歳の誕生日を迎えた袴田さんは、チェックのシャツに黒のちょうネクタイ姿で食卓に着いた。ひで子さんや一〇人ほどの支援者とノンアルコールビールで乾杯した後、会食を楽しみ、革手袋や財布などのプレゼントを受け取ると、表情を和ませた。

長年の拘置による拘禁症状の影響で、普段の袴田さんは口数が少ないが、この日はよく話した。

年齢について尋ねられると、「年のことはよくわからん。神が二一だと決めちゃっているので、それ以上は年をとらん」。

姉から贈られた革手袋を手にして、「冬でも、夏でも手袋をはめているボクサーは手が小さくなる」と独特の理論を語る。

「お姉さんはどんな存在ですか?」という質問に、「姉ということじゃあ、こき使うわけにもいかんでね」と答えると、周りの人たちから笑い声が起き、ひで子さんも満面の笑みを浮かべた。

「表情が豊かになったし、ちゃんと話をするようになってきた」。ひで子さんは、弟の様子に満足そうだ。二〇一四年に東京拘置所から釈放され、自宅で暮らし始めた頃は、姉の言葉もよく聞かず、自分の世界に閉じこもっていたという。「まだ、おかしなことを言うが、徐々によくなっていると思う」

症状が緩和された背景には、姉が弟の言うことをすべて受け入れ、思いどおりにさせていることがある。「巖は長い間、自由がなかった。だから私は『ああしろ、こうしろ』とは絶対に言わない」

ひで子さんは二月八日、九〇歳になった。再審無罪を獲得する闘いは、これからも続くことから、体調管理のために毎朝、ヨガとストレッチを組み合わせた独自の体操を続けながら、弟の健康も気遣っている。

「巖は四八年も刑務所にいた。その間の苦労は並大抵ではないと思っている。その苦労を挽回《ばんかい》するように、せめて一〇〇歳までは生きてもらいたい」

ひで子さんは、何十年も拘置所通いを続け、弟の精神がむしばまれていく様子を見てきただけに、今の姿が信じられない。「巖に『幸せ』なんて言葉があったのかと思った……」と話した。

袴田さんの誕生日から三日後の一三日、第二次再審請求の差し戻し審で東京高裁は、再審開始を認める決定を出した。袴田さんの再審が認められたのは、二〇一四年三月の静岡地裁決定に続き二度目だ。

大善文男裁判長は、一年以上みそ漬けにされた衣類の血痕は赤みが消失することが、専門家の鑑定書や証人尋問により化学的、合理的に推測できる。「五点の衣類」には赤みが残っており、袴田さんを犯人とした確定判決の認定に合理的な疑いが生じることは明らかだと結論付けた。

衣類は事件発生から相当期間が経過した後に、第三者がタンク内に隠匿《いんとく》した可能性が否定できないとした上で「この第三者には捜査機関も含まれ、事実上、捜査機関の者による可能性が極めて高いと思われる」と指摘した。

東京・霞が関の高裁前で、支援者に囲まれたひで子さんは「五七年間、闘ってきて、この日が来るのを待っておりました。ついに来ました。とても、うれしい」と喜びを語り、涙をぬぐった。弁護団事務局長の

2023 年 3 月 13 日，東京高裁で再審開始決定の判断．喜びを語る袴田ひで子さん．隣は小川秀世弁護士（東京高裁前．撮影：堀誠）

小川秀世さんは「うれしい」と言い、顔をくしゃくしゃにして泣き笑いのような表情になった。周囲の支援者から歓声と拍手が起きた。

袴田さんは、この日午後、誕生日にひで子さんが贈った革手袋を着け、支援者の運転する車で、浜松市の自宅から、子どもの頃によく遊んだ岩水寺へ向かった。

再審開始決定の一報が入ったのは、車内だった。同乗していた猪野待子さんが「よかったね」と声をかけ、袴田さんの手や肩をさすった。袴田さんは、支援者らが喜ぶ姿を見て、にこやかな表情になった。

袴田さんは翌一四日朝、「再審開始決定」という見出しが躍る新聞を見て、支援者がつくった赤飯を食べた。その後、「最高裁へ行く」と言い出したが、東京へ行くのは無理なので、支援者が袴田さんを車に乗せ、静岡地裁へ連れて行った。

この日の午後、東京から浜松市の自宅に戻ったひで子さんが、再審開始の決定文を袴田さんに見せながら「裁判で勝ったから何も心配することはない」と話しかけた。支援者が「これで安心した?」と袴田さんに尋ねると、「ああ、そうだね」と言った。

第八章　無　罪

「無罪判決」の旗が掲げられ，笑顔の袴田ひで子さんと主任弁護人の小川秀世さん（2024 年 9 月 26 日，静岡地裁前．撮影：堀誠）

検察、特別抗告を断念

「袴田さんが犯人ではないという明白なジャッジが出た。元気でいるうちに是が非でも決着をつけてほしい」。日本プロボクシング協会の袴田巌支援委員会は二〇二三年三月一五日、東京高検に特別抗告の断念を求めるため、ボクサーらしい言葉で書いた要請書を提出した。参加した元世界チャンピオンの飯田覚士さんは「(再審公判の)リングに上がって、クリーンファイトをしましょうと訴えた」と話した。

また、この日は、弁護団と支援団体が、袴田さんを支援する超党派の国会議員連盟を通じて斎藤健《けん》法務大臣宛ての要請書を法務省に提出し、検察側が特別抗告しないよう法務大臣の指揮権発動を求めた。要請書には「法相の指揮権は、強大な権限を持つ検察の権力行使をチェックし、暴走をストップするために使うべきだ」などと書かれていた。

東京高裁が再審開始決定を出した後、検察側に特別抗告断念を求める動きが一気に活発になった。弁護団や支援団体だけでなく、大学の刑事法研究者や法曹団体なども連日、声明を出した。インターネット上でも運動が広がり、弁護団が呼びかけたオンライン署名は増え続け、数日で三万七〇〇〇人を超えた。

東京高検が特別抗告すると、最高裁で審理が続き、再審が始まるまでにさらに年単位の時間がかかるため、袴田さんやひで子さんの年齢を考えると、「今回は絶対、特別抗告させてはならない」という強い思いが、支援者らの間に広がっていた。

これまでも、検察側の不服申し立てで裁判は長期化してきた経緯がある。静岡地裁が二〇一四年三月、最初の再審開始決定を出した時には、静岡地検が即時抗告したため、審理は東京高裁に移り、一八年六月、同高裁は地裁の再審開始決定を取り消した。さらに最高裁は二〇年一二月、再審請求を棄却した東京高裁決定を取り消し、審理を高裁に差し戻したことから、東京高裁が二度目の再審開始決定を出すまでに、最初の地裁の再審開始決定から九年も要した。袴田さんが第二次再審請求を申し立てた時からすると、一五年近くが過ぎている。

最高裁への特別抗告の要件は憲法違反か判例違反に限られており、検察側にとってハードルが高いが、鹿児島県大崎町で起きた大崎事件や滋賀県日野町で起きた強盗殺人の日野町事件で、検察側は特別抗告した。大崎事件は一九年六月、最高裁が、再審を認めた鹿児島地裁、福岡高裁宮崎支部の決定を取り消し、再審請求を棄却した前例がある。

東京高検が特別抗告できるのは三月二〇日までだ。この期限を前に、弁護団や支援団体はさらに、さまざまな行動を起こした。一七日には、弁護団が東京高検に「特別抗告をしないという英断を求める」という申し入れ書を提出した。東京・霞が関の東京高検前では、「特別抗告NO！」「無罪」などと書かれたプラカードやのぼりを掲げて要請行動をした。参加者は「特別抗告の理由が無いのは明らかだ」「検察は時間稼ぎをするな。再審公判で争うべきだ」などと訴えた。

「検察側が特別抗告する方針」というニュースが、一部の新聞やテレビで報じられたが、一九日には、袴田さんとひで子さんの住む浜松市で、複数の支援団体による集会が開かれ、検察側が特別抗告を断念するよう訴えた。ひで子さんは「この辺りで一区切りつけてもらいたい」と話し、元裁判官で弁護士の木谷明さんは「東京高裁の決定には隙がない。万一、特別抗告すると、検察は恥をさらすことになる」というビデオメッセージを寄せた。

東京高検前の要請行動は連日、続けられていたが、特別抗告の期限である二〇日には、四〇人以上の支援者が高検前に座り込み、「袴田さんに真の自由を！」などと声を上げた。

特別抗告の帰趨《きすう》が決まらないまま、東京・霞が関の司法記者クラブでは午後四時半から、弁護団の記者会見が予定されていた。弁護団長の西嶋勝彦さんや事務局長の小川秀世さん、支援者の山崎俊樹さんらと一緒に私も会見場前で待機して立ち話をしていた。すると、小川さんの携帯電話が突然、鳴った。

「そうですか、ありがとうございます」。目に涙を浮かべながら、小川さんが応答すると、周囲にいた支援者から「やった！」と歓声が上がり、一斉に拍手が起きた。東京高検の担当検事が「特別抗告断念」を弁護団に伝えた瞬間だった。

続いて開かれた記者会見で小川さんは「特別抗告できる理由はないと思っていたが、本当にうれしかった。袴田さんを一日も早く無罪にしてあげたい」と語った。

西嶋さんは、二〇一四年の静岡地裁の再審開始決定に検察側が即時抗告したことを批判し、「長期間の無駄な審理で、ひで子さんや巖さんに無用な苦痛を与えた。一日でも早く再審公判をしてもらいたい」と、時折、言葉を詰まらせながら話した。

東京高裁の決定は、みそ漬け実験の結果が決め手となった。西嶋さんは「支援者は自宅にみそ樽を持ち込み、みそに囲まれて過ごした。感謝している」と述べ、みそ漬け実験を長年続けてきた山崎さんは「ヒットを積み重ねてホームランを打てた」と振り返った。

会見場に支援者が持ち込んだパソコンを使い、オンライン参加したひで子さんは、検察側の判断について「立派なもんだ。腹を決めてくれたと思う」と話し、会見場に笑い声が広がった。

東京高検の山元裕史次席検事は「承服しがたい点があるものの、特別抗告の申し立て事由が存するとの判断に至らなかった」というコメントを発表した。夜に開いた臨時記者会見で抗告断念の理由を尋ねられたが、「法と証拠に基づいて慎重に検討した結果だ。再審公判で適切に対応する。現時点で詳細をお答えするのは差し控える」と述べるにとどまった。断念した時期については「本日判断した」と話した。

弁護団は二一日、静岡市内で報告集会を開いた。袴田さんが姿を見せると、集まった支援者らから大きな拍手が沸き起こった。ひで子さんに付き添われて登壇した袴田さんは「竜との闘いには、みんなの協力があって勝ち抜ける。よろしくお願いします」と挨拶した。

ひで子さんは、袴田さんに再審開始になったと伝え、自分の写真が掲載された新聞を袴田さんが食い入るように見ていたことを紹介した後、「あと半年、一年かかると思う。これからが正念場だ。

どうぞ、もうしばらくお付き合いください」と訴えた。

弁護団長の西嶋さんは「検察が最高裁に持っていっても相手にされない。特別抗告の理由が書けないのは当然だ。一日も早く決着をつけ、本当の意味の自由を巖さんとお姉さんに享受してもらいたい」と話した。

釈放を決めた村山元裁判長と対面

再審公判を進めていく手続きについて法律で定められていないため、裁判所、検察官、弁護団の三者による打ち合わせで実務的に手続きを決めていくことになる。再審公判に向けた第一回の三者協議は四月一〇日に開かれることが決まったが、弁護団は、協議の前に、袴田さんの出廷免除と即日結審を裁判所に求めた。

袴田さんは長期間の身柄拘束による拘禁症状があることから、弁護団は、刑事訴訟法の規定で出廷が免除される「回復の見込みのない心神喪失者」に当たると主張した。また、早期に無罪判決が言い渡されるようにするため、初公判の当日に論告求刑、最終陳述まで行うよう裁判所に求めた。検察側には新たな有罪立証をせず、無罪論告をして謝罪するよう要請した。

ところが、第一回の三者協議で検察側は有罪立証するか否かを明らかにせず、三カ月後の七月一〇日までに立証方針を示すという考えを表明した。早期の無罪判決を求める弁護団は反発したが、公判日程は決まらず、三者協議の日程が七月中旬までに、さらに三回設定された。裁判所は、確定審で提出された証拠の中から「厳選」して、再審公判に出す証拠を絞り込むよう求めた。これに対し、弁護団は「厳選」には応じない方針を決めた。証拠が限られると、捜査機関による証拠捏造の実態が見えなくなることを危惧したからだ。

過去の再審事件では、検察側が有罪立証をあきらめ、早期に無罪判決が言い渡された例もある。滋賀県東近江市の湖東記念病院で二〇〇三年、入院患者の男性が死亡しているのが見つかった事件の再審公判は、検察側が有罪立証をせずに二回で結審し、殺人罪が確定していた看護助手西山美香さんに無罪判決が言い渡された。一九九〇年に栃木県で四歳女児が殺害された足利《あしかが》事件では、検察側が無罪論告をして被告の菅家《すがや》利和《としかず》さんに謝罪した。

逮捕から五七年、死刑確定から四三年も経過してようやく再審開始が決定した袴田事件は、再審法（刑事訴訟法の再審規定）の改正が喫緊の課題であることを改めて示した。こうした機運を受け、「再審法改正をめざす市民の会」は五月一九日、「袴田事件の再審確定　つなげよう再審法改正へ」というメッセージを掲げ、参議院議員会館で結成四周年の記念集会を開いた。袴田さんとひで子さんがこの集会に参加。袴田さんは「戦いに勝つことが重要。戦いはどこまでも続く」と発言した。

集会には、静岡地裁が二〇一四年三月、再審開始決定を出した時の裁判長である村山浩昭弁護士も出席し、袴田さんと初めて対面した。村山さんは、再審開始決定だけでなく、死刑・拘置の執行停止を決定し、袴田さんの釈放を実現したことで知られる。

村山さんは「初めてお目にかかります。お元気ですか」と、袴田さんに挨拶し、ひで子さんには「長いこと大変でした」とねぎらいの言葉をかけた。「巖の命の恩人です」とひで子さんは言いながら、傍《かたわ》らにいる弟にお礼を言うよう促したが、袴田さんは、よくわからない様子だった。集会で村山さんは拘置停止の決定に触れ、「袴田さんの健康状態が限界になると感じ、釈放しかないという結論になった」と語った。

検察側は、五月と六月に開かれた三者協議でも方針を明らかにしなかったが、七月一〇日、有罪立証する方針を静岡地裁に伝えた。

検察側が提出した意見書によると、再審公判では「五点の衣類は袴田さんが事件当時に着用していたものである」「検察の実験では、みそ漬けにされた衣類の血痕に赤みが残る例が多数観察され、赤みが残ることは不自然ではない」「五点の衣類が一年以上みそ漬けにされていた事実に合理的な疑いが生じる余地はなく、捏造であるとの主張に根拠はない」と主張するという。

これらの主張は、再審請求審での主張と基本的に同じだが、静岡地検の奥田洋平次席検事は「再審公判での有罪立証は制度上も当然許される」と述べた。

記者会見した弁護団事務局長の小川秀世さんは、検察側が有罪立証することについて「袴田さんが無実であることをわかりながら、やっているとしか思えない。血痕に赤みが残る場合があっても、それで犯行着衣だとは立証できない。組織を守るためか、メンツのためなのかわからないが、がっかりした」と非難した。ひで子さんは「これまで五七年闘ってきた。（無罪まで）一、二年長くなってもどうってことない」と語った。

弁護団は、再審公判で次のように主張する方針を明らかにした。「捜査機関は虚偽の証拠で袴田さんを逮捕し、長時間の不当な取り調べで『自白』を獲得したが、信用性を裏付ける証拠がなく大がかりな証拠捏造をした」「みそタンクから見つかった五点の衣類は、生地や血痕の色、ＤＮＡ型鑑定などによって犯行着衣でないことは明らかだ」「犯人は従業員とは関係がない複数の外部の人物で、目的は物盗りではなかったと考えられる」

再審公判に向けた第六回の三者協議が九月二七日、静岡地裁で開かれ、初公判の期日が一〇月二七日に決まった。検察側は、法医学者ら五人の証人喚問を請求する方針を明らかにした。また、初公判を含めた二〇二三年内の五回の公判で、これまでに確定審や再審請求審で取り調べられた証拠の審理をすることも決まった。

静岡地裁の國井恒志裁判長は九月二九日、同地裁浜松支部で袴田さんと面会した。出廷免除を認めるか否かの判断をするためだ。國井裁判長に年齢を聞かれると、袴田さんは「二三」と答え、事件についての質問には「事件はない」と述べた。同席したひで子さんには、日常の袴田さんの様子などを尋ねた。

弁護団は、これまでの三者協議で「裁判所に強引に出頭させた場合は、身体的、精神的不調を来す恐れがある」とする医師の診断書を提出し、袴田さんが拘置所で書いた手紙や日記をまとめた本や釈放後に書き綴ったノートのコピーなど、出廷が困難な状況を表す資料も提出していた。

静岡地裁は、これらの面会や資料を検討した結果、袴田さんの出廷免除を認めた。再審公判には、ひで子さんが刑事訴訟法上の補佐人として代わりに出廷し、罪状認否や意見を述べることになった。

再審初公判、「裁かれるべきは司法制度だ」

袴田巖さんの再審初公判は一〇月二七日、静岡地裁で開かれた。國井裁判長は冒頭、「再審公判の審理を開始します。被告人は袴田巖さん」と述べ、その後も「被告人」ではなく「袴田さん」と呼んだ。國井裁判長はさらに、袴田さんの現状について「自己の置かれている立場を理解できず、黙秘権を理解することは甚《はなは》だ困難である」と、出廷免除した理由を述べた。

袴田さんの代わりに出廷したひで子さんは、弁護団に囲まれて座り、検察官が起訴状を朗読する姿を見つめていた。罪状認否のために立つと、メモを見ながら「一九六六年一一月一五日、地裁の初公判で弟、巖は無実を主張しました。五七年紆余曲折、艱難辛苦《かんなんしんく》がありました。再審裁判では巖に代わり、無実を主張します。巖に真の自由を与えてください」と、声を震わせながら訴えた。

冒頭陳述で検察側は、袴田さんの有罪を改めて主張した。「犯人がみそ工場の関係者だと強く推認される」とした上で、次のような理由を挙げた。凶器はくり小刀で、被害者宅の中庭にあった雨合羽のポケットから小刀の鞘が見つかった。雨合羽は工場従業員に支給され、当時工場に置いてあった。犯行に使った混合油も工場で保管されていた可能性が高い。被害品の集金袋二つが被害者宅と工場の間で発見された。

また、みそタンクから見つかった「五点の衣類」は犯行着衣であり、袴田さんが事件後にタンクに隠したものである。一年以上、みそ漬けにされても衣類の血痕に赤みは残り得ると主張した。一方、確定審で有罪の根拠とされた袴田さんの自白調書は証拠提出しなかった。

弁護側は、袴田さんが無実の罪で精神を病み、出廷には耐えられなかったことに触れ、「袴田さんの人生を奪った責任は証拠を捏造し、違法捜査を繰り返した警察にあり、無実を示す証拠を隠蔽した検察にあり、それを安易に見逃してきた弁護人や裁判官にもある」と述べ、「再審公判で本当に裁かれるべきは、信じがたいほどひどい冤罪を生み出した司法制度だ」と強調した。

さらに「検察官の想定している犯人像は事実と異なる」とした上で、弁護側が描く犯人像を次のように述べた。犯人は複数で、被害者が起きていた時に家に入り込み、被害者を動けないようにして殺害し、放火した。物色の跡はなく、被害者四人に計約四〇カ所もの刃物による刺傷があることから動機は怨恨だ。犯人は表のシャッターから逃げた可能性があり、みそ工場とは関係がない。

また、「証拠の捏造」については、雨合羽のポケットにくり小刀の鞘を入れたのも、裏木戸と工場の間に集金袋二つを置いたのも警察であり、「工場関係者に嫌疑を向けさせる捏造だった可能性について考えざるを得ない」と主張。もっと大がかりな捏造を行ったのが「五点の衣類」だが、「再審請求審で、この衣類は捏造証拠だと明らかになった」と述べ、「検察側は有罪立証を放棄し、袴田さんを本当の意味で自由な生活に戻すことに力を尽くすべきだ。一日でも早く無罪にすることが、この裁判の目的だ」と訴えた。

閉廷後の記者会見で、ひで子さんは法廷での発言について「巖は無実だから無罪と言うしかない。最後は、やっぱり自然に声が震えてきた。あと何回あろうが、頑張って参ります」と語った。

袴田さんはこの日、支援者が運転する車で出かけ、JR浜松駅や神社を回った。居合わせた多くの人たちから「頑張って」「もう少しだね」と声をかけられた。

一二月一一日に開かれた再審第四回公判では、弁護側の証拠調べの一環として、裁判の最大の争点である「五点の衣類」の一部が公開された。

國井裁判長が「証拠物の展示をしますので、臭いに敏感な方は退廷をお勧めします」と述べると、地裁の職員が法廷の扉を開け、送風機を稼働させた。

ジッパー付きの袋に何重にも梱包《こんぽう》された衣類を、手袋をはめた職員が取り出し、机に並べた。提示されたのは、みそタンクから見つかった鉄紺色のズボンとステテコ、五点の衣類が入っていた麻袋だ。この時、私は傍聴席にいたが、長い年月保管されていたため、ステテコは生地が劣化して全体に茶褐色になり、血痕は見えなかった。衣類、麻袋に付着したみそ成分が腐敗しているのか、かび臭かった。

弁護団の席に座ったひで子さんは、首を伸ばして衣類に目を向けた。弁護団の一人が衣類に近づき手に取ったが、職員から「証拠が破損する恐れがありますので」と制止された。裁判官三人のうち一人も法壇を降りて机に近寄り、衣類の状態を見た。

弁護側は、「五点の衣類」の鮮明なカラー写真を示しながら、ステテコや白色の半袖シャツは、みその色に染まっておらず、生地は白色に近い状態であり、ブリーフも緑色がはっきりと残っていると指摘した。これらのカラー写真は、第二次再審請求審になって初めて検察側が証拠開示したことから「検察官は鮮明なカラー写真を私たちにも、裁判所にも隠蔽していた」と批判した。半袖シャツは、スポーツシャツの下に着ていたとされるが、背中の裏側の広範囲に血液が付着していたため、「犯行時に、被害者の血がこのようにつくことはあり得ない」と述べた。

弁護団長の西嶋勝彦さん死去

再審第五回公判が、年末の一二月二〇日にあり、國井裁判長は、二〇二四年一月から三月までの七期日を指定。「五点の衣類」の血痕の色調変化やＤＮＡ型鑑定について審理することになった。

年が明けて、弁護団が二〇二四年一月一六日に開かれる再審第六回公判に向けて準備を進めていた時、突然の訃報が届いた。弁護団長の西嶋勝彦さんが一月七日、東京都調布市の病院で死去したのだ。八二歳だった。葬儀は一三日、西嶋さんの長男一樹氏を喪主に、近親者のみで執り行われた。

西嶋さんは、福岡市生まれで、中央大学法学部を卒業後の一九六五年に弁護士登録した。所属した東京合同法律事務所が手がけていた八海《やかい》事件に、弁護士一年目から関わるようになる。

八海事件は、一九五一年一月、山口県麻郷《おごう》村八海(現・田布施《たぶせ》町)で、夫婦が殺され金が盗まれた強盗殺人事件だ。最高裁が二度差し戻しをして、六八年の最高裁判決で被告五人のうち、犯人が共犯者として名指しして逮捕された四人が無罪になった。この事件を題材にした今井正監督の映画『真昼の暗黒』が五六年に公開され、世間の注目を集めた。

西嶋さんが八海事件の弁護団に加わった六五年、第三次控訴審の広島高裁が、主犯とされた阿藤周平被告に死刑判決を下したが、三年後に最高裁は高裁判決を破棄し、無罪判決を言い渡した。

西嶋さんはその後、山口県で五四年に一家六人が殺害された仁保《にほ》事件の弁護団に加わり、無罪を勝ち取ったほか、初の死後再審として知られる徳島ラジオ商殺人事件や死刑確定後に再審無罪になった島田事件の弁護団にも加わった。島田事件の無罪が確定した後、袴田事件の弁護団に入り、九四年からは主任弁護人・弁護団長として、再審請求審の弁護活動のまとめ役として奮闘してきた。

静岡地裁が二〇一四年三月、再審開始決定を出した時の気持ちを支援者に聞かれ、こう答えている。「決定書をめくっていたのですが、やがて『再審を開始する』との文字を見た時、込み上げてくるものを抑えることができませんでした」

近年は間質性肺炎を患い、酸素吸入ボンベが手放せなくなったが、再審公判には欠かさず出席したほか、支援団体が主催する集会にもこまめに顔を出していた。二三年三月、検察側が特別抗告を断念して再審開始が確定した時は、「一日でも早く、袴田さんの無実を明らかにしたい」と語り、涙を流した。その後、検察側が再審公判で有罪立証する方針を明らかにすると、怒りに満ちた「抗議書」を提出した。

「立証が不可能であるとわかっているのに、立証を試みる姿勢を示そうとするだけのことである。裁判制度を愚弄《ぐろう》するものであり、冤罪の被害者に対する何の配慮もない非道な行為である」「再び有罪立証しようとする姿勢は、袴田さんが無実であることを知りながら犯人としようということであり、証拠を捏造して袴田さんを有罪にすることと同様、犯罪的ともいうべき穢《けが》らわしい行為である」。西嶋さんは、検察官の理不尽な姿勢を激しい言葉で糾弾した。

車いすで東京高裁に向かう西嶋勝彦弁護団長．中央が袴田ひで子さん（2022 年 12 月 5 日．写真：共同通信）

西嶋さんの死去を受け、弁護団と支援団体が静岡市で記者会見した。弁護団事務局長の小川秀世さんは「判断が的確で重みがあった。先生のひと言で方針が決まる場面が何度もあった」と話し、最終弁論では西嶋さんが弁護団長として陳述する予定だったことを明かした。

オンラインで会見に出席したひで子さんは「巌の無罪判決を西嶋先生に聞いていただきたかった。残念です。長い長い裁判だった。もう大丈夫だと思われたのではないか。ありがとう、としか申し上げられない」と話した。

弁護団は、主任弁護人だった西嶋さんの後任に、事務局長の小川秀世さんを選び、静岡地裁に変更を届けた。

被告に複数の弁護人がいる場合は、主任を指定することが刑事訴訟法で定められている。

二月二四日には、島田事件で死刑判決を受けたが、一九八九年に再審無罪となった赤堀政夫さんが死去した。九四歳だった。

袴田さん八八歳、ひで子さん九一歳

袴田巖さんは三月一〇日、八八歳の誕生日を迎えた。支援者らが、姉のひで子さんと袴田さんが暮らす浜松市内の自宅に集まり、誕生日を祝った。

「ハッピー・バースデイ」をみんなで歌った後、袴田さんは用意したケーキのろうそくを吹き消した。支援者からは、緑色のシャツと赤い花、爪切りがプレゼントされた。

「グリーンは巖さんの好きな色。気に入っていただけました？」と支援者が尋ねると、袴田さんは「ああ、いいですね」と言った。

集まった記者から「今日で何歳になりましたか」と聞かれ、「年はとらないんだね。理由は、儀式で年をとるなっていわれちゃったんでね。いくつになったかはわからんようになっている。実際の年は二三だかで終わっている」と答えた。

「健康のためにしていることは」という質問には、「動いていることは動いている。毎日、自動車に乗ってそこら中、走り回っている。何時間も走っている」と話した。

ひで子さんは「拘置所を出てから、ちょうど一〇年になります。出たばかりの頃、あるお米屋さんが『一〇年も頑張って生きてもらうだね』と言ったが、もう一〇年になったんですよ」と感慨深げだ。

「一〇〇までは生かしたい。それでも、出てきた頃と比べると老いた。脚がよたよたしてきたが、自分で努力している」とひで子さん。袴田さんが夕方、家にいない時があり、「どこにいるのかな」と外を見ると、自宅マンションの階段を上がったり、下りたりしていたという。「元気で長生きしてほしい」と、ひで子さんは弟の健康を気遣った。

誕生日会が終わると、袴田さんは早速、プレゼントされた緑色のシャツに着替えて支援者が運転する車で出かけた。かつては、浜松市内を長時間、歩き回り、ジョギングをすることもあったが、最近は歩くことがほとんどなくなり、ドライブが日課となっている。足腰が少し弱ってきたため、座っているソファから立ち上がるのに、時間がかかるようになった。

男性に対する警戒心も、年とともに強くなってきた。袴田さんは、過酷な取り調べを受け、長い年月拘置所に入れられていたので、捜査官や刑務官を思い出すためか、男性にはなかなか心を開かない。かつては誕生日に男性記者も訪れていたが、最近は女性記者だけが自宅で取材するようになっている。

この日の約一カ月前の二月八日、ひで子さんは九一歳になった。袴田さんが選んだピンクの熊のぬいぐるみを贈られたひで子さんは「大変うれしい」と笑った。無実を訴え続けてきた姉について聞かれた袴田さんは「闘いにおいて姉は味方だ」と話した。

再審法改正を求める超党派議連設立

袴田巖さんの再審公判は、死刑確定事件の再審公判としては五件目である。過去の四件、免田、財田川、松山、島田の各事件は、いずれも一九八〇年代に再審無罪を獲得した。この「死刑四再審」の無罪が相次いだ時こそ、再審法を改正する絶好の機会だったが、機運が盛り上がらないまま法改正は実現しなかった。

死刑四再審から三六年ぶりに袴田さんの再審公判が開かれた今が、再審法を改正する最大のチャンスだと日弁連は捉え、国会議員に再審法改正の重要性や必要性を訴える活動を続けた。具体的には、日弁連再審法改正実現本部の弁護士を中心に、各地の弁護士会の会長や日弁連の理事経験者らが手分けして衆参の議員会館を回り、ローラー作戦のように、与野党を問わず多くの議員との面会に臨んだのだ。

一九二二年制定の旧刑訴法は戦後改正され、四九年に現刑訴法が施行されたが、再審規定は旧刑訴法をほぼそのまま引き継いだため、多くの問題が生じている。日弁連は、次の三点の改正を強く求めていた。

「証拠開示の明文化」。再審請求するには、新規の証拠を提出しなければならないが、証拠はすべて検察官が握っており、検察官は再審請求人に有利な無罪方向の証拠を開示することはない。これまで再審無罪となったケースの多くで、検察官から開示させた証拠が決め手となっている。言い換えれば、冤罪をなくすためには、すべての証拠を開示させる法律の規定が必要である。

「検察官による不服申し立ての禁止」。袴田事件は、静岡地裁が二〇一四年に再審開始を決定したが、検察官の不服申し立て（即時抗告）で再審開始が確定するまでに、さらに九年かかった。長い年月を費やして再審開始決定を獲得しても、検察官の不服申し立てで振り出しに戻ってしまう。迅速な裁判を受ける権利を妨害しているとも言え、再審制度を有名無実化する要因となっている。

「再審手続きの整備」。再審請求を受けた裁判所が、どういう手続きで審理を進めるかの規定がないため、裁判所によって冤罪の救済に大きな差が生じる「再審格差」という問題が起きている。弁護団が進行協議を求めても無視し、事実調べもせずに再審請求を棄却する例もあとを絶たないため、再審に関する手続法の整備が必要だ。

こうした日弁連の訴えに対し、一八〇人近い国会議員から「賛同する」というメッセージが寄せられ、超党派の「えん罪被害者のための再審法改正を早期に実現する議員連盟」を立ち上げることが決まった。

日弁連の再審法改正実現本部本部長代行の鴨志田《かもしだ》祐美《ゆみ》さんに、議員連盟発足までの経緯を私が聞いたところ、袴田事件が大きな役割を果たしたと言う。

「国会議員の方々を回っている時、袴田事件にどれだけの時間を要したのか、ひと目でわかるような年表を持っていきました。再審開始確定までに事件発生から五七年、死刑確定から四三年たっています。最初の証拠開示が実現したのが死刑確定から三〇年後です。やっと再審開始決定が出たのに検察官が即時抗告して、再審開始が確定するのに、さらに九年かかっています、と説明しました」と鴨志田さんは話す。この年表による説明を聞いた国会議員は与野党を問わず、「これはやっぱりおかしい」「再審制度がおかしいから、改正しなければいけない」という反応だったという。

鴨志田さんは、袴田事件によって理不尽な再審法の現状が伝わったと考えている。「要するに、この問題は知られていなかっただけで、知ると、改正しなければいけないと誰しも思うんです。袴田事件の後にはもう袴田事件のような事件をつくらない、ということがとても重要です」

「えん罪被害者のための再審法改正を早期に実現する議員連盟」が二〇二四年三月一一日に設立され、国会内で初会合を開いた。自民党の麻生太郎副総裁や立憲民主党の泉健太代表ら各党幹部が呼びかけ人となり、入会した議員一三四人のうち与野党から約六〇人が参加した。

同議員連盟の設立趣意書の冒頭には「えん罪は、犯人とされた者やその家族の人生を大きく狂わせ、時にはその生命も奪いかねない国家による最大の人権侵害である。えん罪の発生を防ぐとともに、不幸にしてえん罪が発生した場合、これを速やかに救済することは、国の基本的責務である」と書かれている。同議員連盟の会長に就いた自民党の柴山昌彦元文部科学大臣は、袴田事件を例に挙げ「人権侵害や家族の苦労を考えれば、再審のプロセスを改正する必要がある」と述べた。立憲民主党の逢坂誠二《おおさかせいじ》代表代行が幹事長に選ばれた。

この日の会合では、袴田さんの再審開始決定を出した静岡地裁元裁判長の村山浩昭弁護士が講演し、証拠開示や検察官の不服申し立てについて法の不備があるとして「再審法制の改善が必要だと確信している」と語った。

翌一二日には、日弁連主催の「再審法改正を実現する院内会議」が国会内で開かれた。再審請求人として出席したひで子さんは、再審法改正に賛同する国会議員らを前に「こんなうれしいことはない。皆さま方のお力添えでこうなっている。私たちの事件は五七年前、私が三三歳の時の事件です。その時は、こんな冤罪事件は私たちだけだと思っていた。今でも大勢の方が苦しんでいる。巌だけ助かればいいという問題ではない。巌には自由はなかった、どうかいい方向に進んでほしい」と涙で声を詰まらせながら喜びを語った。再審法改正が実現すれば、弟の犠牲が少しでも報われるという思いがあるからだろう。ひで子さんはこの日、「こんなうれしいこと……」と何度も言って涙ぐんだ。

マイクを握った鴨志田さんは、再審法改正に向けた超党派の国会議員連盟が一一日に発足したことを紹介し、「国家による究極の人権侵害である冤罪を救済するために、議員主導で再審法改正を目指していくのだという力強いメッセージをいただいたことに胸が打ち震える思いです。袴田さんの事件に無罪判決が出る時が世論の盛り上がる『最大瞬間風速』の時なので、再審法を改正する最大のチャンスとなる」と述べた。

閉会後、ひで子さんは「巌の命の恩人」と呼んでいる村山浩昭さんと再び対面した。村山さんは

「元裁判官として今の再審法に非常に問題があることを実感している。改正実現を退官後の使命として取り組んで行く。そうしないと私自身、袴田さんに顔向けできない」と話した。

六月一三日には、再審法改正を早期に実現する議員連盟の総会が参議院議員会館で開かれ、ひで子さんが講演した。

「私たちは五八年闘って、やっと再審開始になりました。一〇年前の再審開始（決定）では、出てきた証拠が大きく貢献した。検察官が隠すことがないよう、すべからく証拠を出してもらいたい」「巖は一〇年前に（拘置所から）出てきた時には能面のような顔をしていた。それが五年ぐらい前にはマラソンをするようになった。今は、歩くのに疲れたと言ってドライブに行っております。いすからなかなか立てませんが、八八歳ですから無理もないことだと思います」「多少は良くなったと思いますが、妄想の世界を行ったり来たりしております。巖を元の体に戻せとは申しませんが、四八年間の三畳間での苦労が報われるように、どうぞ、先生方、再審法改正にお力添えくださいますようお願いします」

総会には、布川《ふかわ》事件で再審無罪となった故・桜井昌司さんの妻、桜井恵子さんも出席し、亡き夫の闘いを振り返った。「夫は昨年八月、七六歳で旅立った。再審無罪を得るまで四四年、国家賠償請求裁判の完全勝利まで、さらに一〇年要した。国賠裁判の判決が読み上げられた時、法廷で天を仰ぐようにしていた夫の姿がよみがえります。裁判が公正に行われる前提として、捜査のために集められた証拠はすべて再審請求人らがアクセスできるようにすること、再審開始決定後は速やかに再審裁判に移行できるよう検察官の無用な不服申し立てを認めないことを明確に条文に加えてください。ますようお願いいたします」

総会の四日後の一七日、同議員連盟は法務省を訪れ、「再審法改正を求める要望書」を小泉龍司法務大臣に手渡した。要望書は「えん罪が発生した場合に、速やかに救済することは国の基本的責務である。しかし、再審法は戦後の法改正から取り残された結果、審理手続きを具体的に定めた規定がないに等しい状態にある。再審は最後の救済手段としての重要な役割を果たすために、確固たる手続きが整備されていなければならない」などと記されている。

同議員連盟に入会する国会議員は増え続け、二〇二四年八月末には三四六人となった。

検察側証人も「血痕に赤み残らない」

袴田さんの再審公判は、二〇二四年三月二五、二六、二七日の三日間にわたり、最大の争点である「五点の衣類」の血痕の色の変化について、検察側、弁護側双方の証人五人の尋問を行った。

弁護側は第二次再審請求審で「一年以上みそ漬けにされた場合は衣類の血痕に赤みは残らない」とする鑑定書を提出し、東京高裁は二〇二三年三月、この鑑定結果を認め、再審開始を決定した。

一方、検察側は再審公判で弁護側の鑑定を分析した法医学者ら七人の「共同鑑定書」を新たに提出し、「みそに漬かっても赤みが残る可能性がある」と主張していた。

ところが、二五日の再審公判で検察側証人の池田典昭九州大名誉教授（法医学）は「一年以上、みそに漬かっていれば、血痕に赤みは残らない。赤みが残らないことは常識中の常識」と述べたのだ。一方、池田氏は、弁護側の実験は酸素濃度などの変色を阻害する要因が考慮されていないとして「立証は不十分」と言及した。

神田芳郎《こうだよしろう》久留米大教授（法医学）は「赤みの定義は観察者の主観によって変わる」と指摘した上で、「みそタンクの条件は正確にはわからず、赤みが残る可能性は否定できない。絶対に赤みが残らないと証明することは不可能だ」と述べた。

二六日の公判では、再審開始の決め手となった弁護側鑑定をした旭川医大の清水恵子教授（法医学）が証人として出廷し「衣類がみそタンクに入れられた後、みその仕込み原料が入れられるまでの二〇日間で、血痕は酸素に触れて黒ずんでいたはず。赤みが残らないということは何があっても揺るがない」と断言した。

検察側の共同鑑定書は、実証実験なしで文献などを基にまとめられたが、弁護側の鑑定書は、実証実験を繰り返して作成された。

二七日の公判は、検察側、弁護側双方の証人五人が同時に尋問を受ける対質尋問が行われた。証言台の前に、五人が一列に並んで座り、裁判官が問う形で進められた。

弁護側の鑑定結果について意見を聞かれた検察側証人の池田、神田両氏は「一般的にはそうなる」「異論はない」と述べたが、神田氏は、衣類が漬かっていたみそタンク内の状況が不明だとして「赤みが残る可能性が低いということなら理解できるが、断言するのは不可能だ」と証言した。弁護側証人の清水氏は、タンク内の条件を完全に再現することは不可能だとした上で「われわれは実証実験を行い、より起こりえる現象を結果として導き出している」と強調した。

二七日の公判閉廷後に記者会見した清水氏は「検察側証人の主張については、（赤みが残る可能性という）仮説なので、サイエンスとしては実証実験が必要なのに、それをしていない。これでは科学的反証とは言えない」と批判した。

ひで子さんは「先生方の証言は素晴らしかった。もう、ひと山も、ふた山も、三山も越えました。皆さまのご協力があったればこそ、再審もここまで来ました。本当にありがとう」と力強く語った。

日弁連はこの日、再審公判が開かれた静岡地裁前や静岡市の中心街で、再審法改正を訴える街宣活動をした。一〇年前の二〇一四年三月二七日、同地裁裁判長として、袴田巖さんの再審開始と死刑・拘置停止を決定し、袴田さんを釈放した村山浩昭さんも活動に参加し、「袴田さんの再審で一般市民の方々の関心が集まっている今を逃すと、再審法改正はまた何十年も先延ばしになってしまいます。それでは、袴田さんが逮捕されてからの五八年間は一体何だったのかということになります。ぜひとも私どもに力をお貸しください」と道行く人たちに訴えた。

現役裁判官の時に多くの無罪判決を下したことで知られる弁護士の木谷明さんも街頭に立ち、「現行の再審法では、裁判所が何もやらないで逃げてしまえる。何としても再審法を改正しなければならないと思っている」と話し、他の弁護士らとともに、再審制度の問題点をまとめた冊子を市民に配布した。

「弟を人間らしく過ごさせて」

袴田さんの再審第一五回公判が五月二二日、静岡地裁であり、検察側は確定審と同様に死刑を求刑し、弁護側は改めて無罪を主張し、結審した。

袴田さんに代わって出廷した姉のひで子さんが最終意見陳述をした。ひで子さんはまず、袴田さんが息子や母親のことを思い、拘置所から出した手紙を朗読した。

「息子よ、お前はまだ小さい。判ってくれるかチャンの気持ちを——もちろん分かりはしないだろう。分からないとは知りつつ声のかぎりに叫びたい衝動にかられてならない。そして胸いっぱいになった真の怒りをぶちまけたい。チャンが悪い警察官に狙われ逮捕された日、昭和四一年八月一八日、その時刻は夜明けであった。お前はお婆さんに見守られて眠っていたはずだ」「今朝方、お母さんの夢を見ました。元気でした。夢のように元気でおられたらうれしいのですが。お母さん！遠からず真実を立証して帰りますからね」

続いて、弟の現在の様子や自身の過去の苦闘について語った。「釈放されて一〇年経ちますが、いまだ拘禁症の後遺症と言いますか、妄想の世界におり、特に男性への警戒心が強く、男性の訪問には動揺します。玄関の鍵、小窓の鍵など知らないうちにかけてあります。就寝時には電気をつけたままでないと寝られません」「私も一時期夜も眠れなかった時がありました。夜中に目が覚めて巖のことばかり考えて眠れないので、翌日の仕事に差し支えがあるために、お酒を飲むようになり、アルコール依存症のようになりました。随分前に回復しております」

最後に「五八年闘って参りました。私も九一歳でございます。巖は八八歳でございます。余命いくばくもない人生かと思いますが、弟巖を人間らしく過ごさせてくださいますようお願い申し上げます」と述べ、声を震わせた。國井恒志裁判長は、その様子をじっと見守り、弁護団からはすすり泣きが漏れた。

検察側は論告で、犯人は事件当時みそ工場で働き、従業員寮で寝泊まりしていた袴田さんだと断定した上で、「五点の衣類」について「血痕の付着状況や血液型から被害者や犯人の血と考えられる。負傷部位と衣類の損傷箇所も符合する」と述べた。「捏造」という指摘に対しては「合理的な根拠がない。みそ工場の従業員でさえ被告のものと勘違いするほど酷似し、新品ではない衣類を用意する必要があり、およそ現実的ではない」と反論した。

さらに「一家四人を殺害して売上金を奪った極めて悪質な犯罪。罪責は誠に重大だ」として、死刑を求刑した。この時、弁護団席の田中薫弁護士が机を強く叩き、傍聴席からは「おかしいでしょ」と、非難する女性の声が上がった。ひで子さんは、改めて極刑を求めた検察官をじっと見つめていた。

弁護側は、主任弁護人の小川秀世さんが最終弁論の最後を締めくくった。「袴田巖さんは無罪です。この事件は犯人が複数だったことは疑いなく、強盗事件ではなく怨恨による殺人事件だ。巖さんには、およそ実行不可能であったにもかかわらず、警察や検察官は真犯人に結びつく事実や証拠を隠してしまい、逆に巖さんを犯人とする証拠を捏造した。これほど不条理なことがあるだろうか。これは捜査機関の犯罪です」。小川さんの口調に怒りが籠もる。

「五点の衣類が犯行着衣だと立証すると言ったが、その証拠はどこにあるのか。あんな鮮やかな緑のブリーフが、真っ白なステテコが、一年二カ月もみそに漬かっていたという証拠はどこにあるのか。検察官は、巖さんの自白を証拠としなかった。これは自白調書に書かれていることは嘘でしかないと検察官自身が認めたということだ」

さらに、袴田さんが負った心の傷の深さに言及した。

「巖さんは一〇年前に釈放されたが、心は閉ざされたままの状態。いまでも、精神世界では東京拘置所の狭い独房にいることと変わっていない。残念ながら、ひで子さんと手を取り合って無罪になったことを喜ぶこともできないが、それでも一日でも早く無罪判決が下されなければならない」

最後に、判決が捜査機関による証拠捏造にまで踏み込むことを求めた。

「死刑が執行されなくても、巖さんのように誤って死刑囚にされること自体が国家の重大な犯罪行為だ。死刑判決が巖さんの五八年を奪ってしまった。裁判所にお願いしたい。無罪判決は当然ですが、判決において、捜査機関の不正、違法な行為をはっきりと認定していただくことが必要です」

公判終了後、報道陣の取材に応じた静岡地検の小長光健史《こながみつけんし》次席検事は「極めて悪質な事案であることなどを踏まえ、死刑を求刑することとした。被告が有罪であることは十分に立証されていると考えている」と述べた。

ひで子さんは記者会見で「死刑なんて言わないのかと思っていたら、最後に死刑だか、何だかと言った。それは耳の都合が悪くて聞こえませんでした。私は巖が無実だと思っています」と皮肉を込めた口調で語った。

本人不在の法廷で無罪判決

二〇二四年九月二六日、世紀の冤罪事件が再審判決公判(國井恒志裁判長、谷田部峻、益子元暢裁判官)を迎えた。静岡地裁周辺は朝から、期待と緊張が入り交じった空気に包まれた。地裁の向かい側にある駿府城《すんぷじょう》公園の西門橋付近には、静岡県内や東京都内の支援団体や国民救援会、日弁連などの関係者が大勢集まり、他の冤罪事件の被害者も駆けつけた。

「(事件発生から)五八年もかかった。そんなことを許していいのでしょうか。警察、検察に人間の気持ちはあるのか。今日で決めていただきたい」。栃木県足利市で四歳女児が殺害された「足利事件」で再審無罪となった菅家利和さんは、強い口調で訴えた。

報道各社のヘリコプターが上空を舞う中、歴史的な判決公判を傍聴しようと、地裁には約五〇〇人が集まり、四〇席の傍聴券を求めて長い列ができた。

午後一時一五分、袴田さんの姉ひで子さんと主任弁護人の小川秀世さん、支援者らが「無実の人に無罪判決を」と書かれた横断幕を持ちながら、弁護士会館から地裁へ向かった。ひで子さんは、「潔白」を示す白を基調とした服装で、一月に亡くなった西嶋勝彦弁護団長の遺影を胸の前に掲げた。地裁正門の周辺に集まっていた支援者から「ひで子さん、頑張って！」と声が飛んだ。

午後二時、地裁最大の二〇一号法廷で判決公判が開かれた。國井恒志裁判長は「証言台でお聞きください」と声をかけ、ひで子さんに証言台の席に座るよう促した。

「主文、被告人は無罪」。國井裁判長が無罪判決を言い渡すと、傍聴席からどよめきと拍手が湧き上がった。裁判長は「静粛に」と呼びかけ、廷内が静まるのを待って、「袴田さんは無罪です」と伝えた。ひで子さんは深く一礼し、弁護側の席に戻ると、涙をぬぐった。

続いて判決理由の朗読に入ったが、最初に、みそタンクから見つかった「五点の衣類」、ズボンの端切れ、「自白」を記録した検察官調書の三つの証拠を捜査機関による捏造であると認定した。

「五点の衣類」については、みそ漬け実験の結果や弁護側鑑定書から「タンクに一年以上みそ漬けされた場合、衣類の血痕に赤みが残るとは認められない」と判断し、「発見に近い時期に、捜査機関によって血痕を付けるなどの加工がされ、タンク内に隠匿された」と指摘。家宅捜索で袴田さんの実家から押収されたズボンの端切れについては、「捜索前に捜査機関の者により持ち込まれた後、押収されたことを推認させる」とした。袴田さんの「自白」を記録した検察官調書は、警察と連携して「肉体的・精神的苦痛を与えて供述を強制する非人道的な取り調べによって作成され、実質的に捏造されたものと認められる」と述べた。

判決を読み上げた後、國井裁判長は、ひで子さんに語りかけた。「ものすごく時間がかかってて、裁判所として本当に申し訳なく思っています。確定するにはもうしばらくお待ちいただきたい。真の自由までもう少し時間がかかりますが、末永く心身ともに健康であることを願います」

閉廷後、地裁前で支援者から花束を受け取ったひで子さんは「皆さまの応援のおかげです。長い間、ありがとうございました」と感謝の言葉を述べ、笑顔になった。一方、弁護団は静岡地検を訪れ、控訴を断念するよう申し入れた。地検前には支援者も集まり、「検察官は控訴するな！」と書かれたプラカードを掲げ、「袴田さんに謝罪しろ」と声を上げた。控訴について報道陣に聞かれた小長光健史次席検事は「判決内容を精査してから、上級庁と協議した上で判断したい」と話した。

弁護団の記者会見に出席したひで子さんは、判決公判を振り返った。「裁判長が『主文、被告人は無罪』と言うのが、神々しく聞こえた。それを聞いて、感激するやら、うれしいやらで涙が止まらなかった。無罪の判決をもらって、五八年間がすっとんだ気がする」。小川弁護士は「裁判官が三つの捏造を認定したのは、画期的なことだと思う」と判決を評価した。

ひで子さんはこの日の夜、浜松市の自宅に帰宅した後、袴田さんに無罪判決を伝えた。「あんたが勝った。あんたの言うとおりになった。安心しな」。弟の肩を優しくたたきながら、こう繰り返したが、袴田さんは、うちわであおぎながら表情を変えなかった。

翌二七日朝には、朝刊各紙を購入したひで子さんが、無罪判決を報じる記事を袴田さんに見せながら「再審で無罪になったの。わかる?」と話しかけたが、やはり返答はなかった。記者会見した小川弁護士は「袴田さんは高齢で、控訴するのは人道的に許されない。検察には五八年間の審理を終わらせることを期待している」と改めて検察側に控訴断念を求めた。

袴田さんは、九月二九日に静岡市で開かれた判決報告会に出席した。「待ちきれない言葉でありました。無罪勝利が完全に実りました。ついに完全に全部勝ったということで、今日はめでたく皆さんの前に出てきたということです」。意味不明な言葉を口にすることもある袴田さんが、マイクを手に流暢《りゅうちょう》に語ると、会場から大きな拍手が起きた。ひで子さんは三日後、衆議院第一議員会館で開かれた集会で、「巖が(集会で)言ったことは、思いつきで言ったのではないと思います。獄中にいて、勝ったときにはこう言うんだって、復唱をしていたんじゃないかと私は思っております。とっさに、ああいう言葉がなかなか出てくるものではございません」と話した。

弁護団は、静岡地検や東京高検、最高検に控訴断念を求める申し入れ書を提出。五万人以上のオンライン署名も手渡した。支援団体も連日、東京・霞が関の東京高検周辺で要請行動を続けるなか、畝本《うねもと》直美検事総長は一〇月八日、「控訴しない」と表明した。静岡地検が翌日、上訴権を放棄し、無罪が確定。事件発生から五八年、死刑確定から四四年の歳月を経て、八八歳の袴田巖さんはついに、真の自由を得た。

おわりに

身に覚えのない犯罪の嫌疑を受け、無実をいくら訴えても聞き入れられず、有罪判決を受ける。そんな窮境に置かれた人の気持ちを想像すると、冤罪ほど恐ろしいものはないと切に思う。

中国に「六月飛雪《ろくがつひせつ》」という言葉がある。旧暦の六月は新暦の七、八月に当たる。つまり真夏に雪が降るという意味だ。夫に先立たれた女性が姑《しゅうとめ》殺しの罪を着せられ、「もし私が冤罪ならば真夏に雪が降る」と言い残し、処刑された。彼女の塗炭《とたん》の苦しみと憤怒《ふんぬ》は天に届き、猛暑の季節に雪が舞ったという。

「私血の叫び肌あわだつ今日この頃、無念の獄中から万感を抱きつつ衷心より拝し、意見を申し上げ、再審開始決定を求めます」。袴田巖さんは、死刑が確定して二年余り後、再審開始を求めて「意見書」を静岡地裁に提出した。

再審請求審は一向に開かれず、孤立感が深まる中、袴田さんは東京拘置所の独居房で、約九八〇〇字に上る意見書を書き上げた。まさに、真夏に雪を降らせるような、血を吐く思いで文字を書き連ねたのだろう。

かつて確定死刑囚には「集団処遇」の時代があった。拘置所の中庭で死刑囚同士が野球に興じ、雨の日は囲碁・将棋を楽しむ。小鳥を飼うことも認められていた。外部との文通にも寛容で、ラジオ番組に投稿することもできたという。ところが、一九七〇年代になると、「死刑囚の心情の安定のため」との理由で、死刑囚同士の交流はなくなり、面会や手紙のやりとりは家族や弁護士らに限られるようになった。面会の回数や時間も制限され、死刑囚は、ほとんどの時間を外界と遮断された独居房で過ごすことになる。これは、死刑とは別に、残酷な刑罰を科すのに等しい。

袴田さんは、三畳間の独居房に閉じ込められるうちに拘禁症状が進み、死刑執行への恐怖も相まって精神が破綻してしまう。控訴趣意書や上告趣意書、意見書などで長年、無実を訴え続けたが、念願の再審公判が開かれた時には、自らの思いを法廷で語ることができなくなっていた。悲劇と言うほかない。

袴田さんのような冤罪被害者を生み出さないために、刑事裁判の世界には「一〇人の真犯人を逃すとも一人の無辜《むこ》を罰するなかれ」という格言がある。これに対し、無実の人を処罰するのは不正義だが、真犯人を逃すのも不正義だという声が、司法関係者の間からも上がる。しかし、無実の人を処罰すると、その人に無用の苦しみを与えるだけでなく、真犯人を取り逃がすことにもなる。つまり二重の不正義を犯すことになってしまうのだ。

実際、死刑冤罪である免田、財田川、松山、島田の四事件をはじめ、過去のほとんどの冤罪事件で真犯人は見つかっていない。袴田事件も同じ結果になったが、静岡県警の「捜査記録」を読み返すと、有力な容疑者がいたことがわかる。

みそ製造会社「こがね味噌」会計係のT氏は、静岡市内や清水市内のバーやキャバレーで豪遊し、賭博にも手を出して一〇〇万円以上の借金の返済に窮していた。T氏は、広域暴力団幹部のI組員らと共謀して、違法な花札賭博を行っていたことが判明したため、袴田さんが逮捕された二日後、賭博容疑で県警に逮捕された。取り調べでT氏が「こがね味噌」の業務費一〇〇万円を横領していたことが明らかになったが、同社専務橋本藤雄さん一家四人殺害事件については「アリバイも関係者の供述と一致し、本件には何ら関係ない」(「捜査記録」)として追及されなかった。

奇妙なのは、「こがね味噌」社員と共謀して違法賭博をしていたI組員について、「捜査記録」には何も書かれていない点だ。橋本さんは「取引客などと清水市内、静岡市内のバー、キャバレー、飲食店等への出入りが激しく、その店の数は六十数軒に及び」(「捜査記録」)とあり、それらのバー、キャバレーがある歓楽街を縄張りにしていたI組員と接触があったはずだが、一家四人殺害事件に関してI組員を取り調べたという記述はない。

ところが、「事件前、I組員はひんぱんに『こがね味噌』専務の橋本さん宅を訪れていた」という情報が後年、弁護団にもたらされた。弁護団事務局長の小川秀世さんが次のように説明する。

「I組員が乗っていた車の元運転手と釣りで一緒になった男性が、私のところに通報してきた。その男性によると、元運転手は『自分はIの車の運転手をしていたが、袴田事件が起きる前、事件現場となった専務宅にしょっちゅうIを連れて行った』と話したというのです」

元運転手によると、I組員は橋本さん宅に入り、車を待たせたまま長時間出て来ないこともあったという。「つまりI組員は橋本さんと面識はあったし、何らかのつながりもあったということだ。でも、I組員についての捜査記録は全然ない。警察が表に出していないということも考えられます」

橋本さん宅が火災になった時、表出入り口のシャッターは無施錠で、裏木戸は閉じていたことが、近隣住民の証言で明らかだ。犯行形態から推測すると、複数の犯人が四人を殺害後、表のシャッターを開けて逃走したとみるのが妥当だが、袴田さん単独犯説をとる県警は、袴田さんが裏木戸を抜け、線路を渡って従業員寮のあるみそ工場に逃走したという事件の構図を描いた。それを補強するために、ある種の「工作」が行われた疑いがあるという。

裏木戸と線路の間に落ちていた集金袋を発見して現場検証調書を書いた元警察官K氏に、小川さんらが面会したところ、「見つけたのじゃない。僕は調書を作っただけ。こちら(刑事課)の衆が先に行って見ているわけだな」と話した。K氏は清水署の防犯担当だったが、同署刑事課から急に現場に呼ばれ、調書を書かされたのだという。調書では、落ちていた二つの集金袋のうち一つをK氏が発見したことになっている。小川さんは言う。「金袋の発見時刻は六月三〇日の午後零時以降ということになっているが、この日は未明から現場検証をしていて、午後零時まで誰も金袋を見なかったというのは考えられない」

小川さんによると、中庭で見つかった雨合羽の下には、焼け落ちた物がたくさんあり、消火した後に雨合羽が置かれた可能性があるという。裁判で最大の争点となった「五点の衣類」だけでなく、集金袋や雨合羽も捏造された疑いがあるということだ。県警は、袴田さんが元プロボクサーなので目をつけた、とみられているが、小川さんはさらに一歩踏み込んだ見方をする。「警察が、真犯人を隠そうとしたとも考えられる」。捏造の闇は深い。

袴田さんの再審公判が開かれるのを機に、日弁連は、国会議員に再審法改正の重要性や必要性を訴える活動を続け、超党派の「えん罪被害者のための再審法改正を早期に実現する議員連盟」の設立につなげた。同議連の総会に出席した袴田さんの姉ひで子さんは「巖の四八年間の三畳間での苦労が報われるように、再審法改正にお力添えくださいますようお願いします」と訴えた。いつもは笑顔を絶やさないひで子さんだが、再審法改正に関する集会で発言するときは、涙で声を詰まらせる。それだけ、実現を強く願っているのだろう。

日弁連が法改正で強く求めているのは、「証拠開示の明文化」「検察官による不服申し立ての禁止」「再審手続きの整備」だ。袴田事件では、「五点の衣類」の鮮明なカラー・ネガフィルムが検察側から開示されたのは死刑確定から三四年後の二〇一四年。検察官の不服申し立てにより、静岡地裁で再審開始決定が出てから無罪判決までに一〇年余かかった。再審の手続き規定がないため、第一次再審請求は放置され、最高裁で棄却されるまでに請求から二七年を費やした。この途方もない長い年月の間に、袴田さんの精神はむしばまれたのだ。袴田さんの苦しみと犠牲が報われるためにも、今こそ、再審法の改正を実現しなければいけない。

本書の執筆に当たり、多くの人たちから支援をいただいた。弁護団長の故・西嶋勝彦さん、事務局長の小川秀世さんら弁護団の方々には、記者会見などを通じて裁判の経過や問題点を教えてもらった。袴田事件の生き字引ともいる支援者の山崎俊樹さんには、衣類のみそ漬け実験結果や多くの裁判資料、写真などを提供してもらった。

「袴田さん見守り隊」代表で、袴田さん、ひで子さんと常に行動を共にしている猪野待子さんには、折りに触れてお二人の様子を伺った。「見守り隊」唯一の男性メンバー、清水一人さんには、袴田さんの同行取材の現場で助けてもらった。この他、白井孝明さんや楳田《うめだ》民夫さんら静岡県内や東京都内の支援団体の方々に、集会の取材などでお世話になった。

静岡県で起きた冤罪事件の支援活動を続けてきた鈴木昂《こう》さんからは、島田事件、二俣事件などに関する貴重な資料を提供してもらった。川崎新田ジム会長の新田渉世さんには、ボクシング界の支援活動について詳しく教えてもらった。

本書のもとになった共同通信の連載記事の取材では、当時の静岡支局の八代到《やしろいたる》支局長、今井咲帆《さきほ》記者、写真撮影担当の堀誠編集委員に協力してもらった。連載に加筆して本にまとめる作業は、岩波書店の大山美佐子さんの励ましと指示により終えることができた。

ここで、皆さまに厚く御礼を申し上げます。ありがとうございました。

最後に、袴田巖さんと姉のひで子さんの近況をお伝えしたい。浜松市の四階建てマンション最上階にある袴田家に今年二月、愛らしい家族が新たに加わった。茶系長毛の猫「ルビー」と、白黒の猫「殿」である。猪野待子さんが、猫の保護活動をしている浜松市のＮＰＯで見つけ、二人の誕生日のプレゼントにしたのだ。

袴田さんは、猫に接していると、表情が穏やかになる。外出した時には、「猫の餌」を買うようになった。もっとも、練り物やパン、ケーキを買ってくるので、二匹は戸惑っているようにも見える。「好きなもの、買ってもらいなさい」と、猫の横に一〇〇〇円札を何枚か置くこともある。かわいくてしょうがないのか、夜遅くなってから「猫がおなかをすかせている。パン、あげてちょうだい」と、ひで子さんに頼むこともあるという。

袴田さんの慰めになると思って、猪野さんは猫を探してきたのだが、二匹のペットは、ひで子さんの慰めにもなっている。ひで子さんがベッドに入ると、ルビーと殿は両脇に寄り添い、朝まで寝ている。「夜中にトイレに行くと、二匹がついてくる」と、ひで子さんはうれしそうに話す。

無罪判決が確定し、人生の大半を費やしてきた裁判がようやく終わった。想像を絶する辛苦の連続だった姉と弟に、一日でも長く、幸せな暮らしが続くことを願ってやまない。

二〇二四年一〇月

藤原　聡

関連年表

一九三三年　二月八日　袴田ひで子さん、静岡県雄踏町(現・浜松市中央区)で生まれる

一九三六年(0歳)　三月一〇日　袴田巖さん、雄踏町で生まれる

一九四五年(9歳)　初頭　袴田さん、ひで子さんは、静岡県赤佐村(現・浜松市浜名区)に疎開。二人は終戦を挟んで同村などの小中学校へ通った

一九五七年(21歳)　一〇月　静岡県で開催された国民体育大会のボクシング競技に、袴田さんがバンタム級の代表選手として出場。団体で三位入賞

一九五九年(23歳)　一一月　プロボクシングの初戦を勝利

一九六〇年(24歳)　七月　ラジオ東京テレビ(現・TBS)の番組「東洋チャンピオンスカウト」のフェザー級トーナメント戦で優勝。この年の対戦は一九試合。年間最多試合数の日本記録

一九六一年(25歳)　八月　故障のため引退。プロボクサーとしての通算成績は二九戦一六勝(一KO)一〇敗三分。最高位は全日本フェザー級六位

一九六五年(29歳)　一月　袴田さんが「こがね味噌」の従業員寮に住み込み、みそ工場で働き始める

一九六六年(30歳)　六月三〇日　静岡県清水市(現・静岡市清水区)の「こがね味噌」専務宅が全焼。一家四人の他殺体が見つかる
八月一八日　静岡県警が強盗殺人、放火などの容疑で袴田さんを逮捕
九月六日　勾留期限三日前に袴田さんが犯行を「自白」

一九六七年（31歳）　一一月一五日　静岡地裁で初公判。袴田さんは犯行を全面否認

八月三一日　「こがね味噌」みそ工場の一号タンクから「五点の衣類」発見

九月一三日　検察が、犯行着衣をパジャマから「五点の衣類」に変更

一九六八年（32歳）　九月一一日　静岡地裁（石見勝四裁判長）が死刑判決。判決文を書いた熊本典道裁判官は後に、「無罪の心証で死刑判決を書いた」と告白する

一九六九年（33歳）　三月　控訴趣意書の中で、袴田さんは「五点の衣類」について「刑事らが偽証」と述べ、捜査機関による捏造に言及。弁護団は公判で捏造とは主張せず

一九七一年（35歳）　一一月二〇日　「五点の衣類」の装着実験で袴田さんが鉄紺色のズボンをはけないことが判明

一九七六年（40歳）　五月一八日　東京高裁（横川敏雄裁判長）が袴田さんの控訴棄却（死刑判決）

一九八〇年（44歳）　一二月一二日　最高裁で死刑確定

一九八一年（45歳）　四月二〇日　静岡地裁に第一次再審請求

一九八四年（48歳）　一二月二四日　袴田さん、カトリックの洗礼を受ける。洗礼名パウロ

一九九二年（56歳）　二月二八日　東京地裁に人身保護請求。東京拘置所側の答弁書などから、袴田さんの拘禁症状が進み、ご飯を水で洗って食べるなどの奇行が明らかになる

一九九四年（58歳）　八月九日　静岡地裁（鈴木勝利裁判長）が第一次再審請求を棄却

二〇〇二年（66歳）　一一月二七日　衆議院法務委員会で、保坂展人衆議院議員が袴田さんについて質問。森山真弓法務大臣は「少し常軌を逸し始めた精神状態なのかもしれない」と答弁

二〇〇六年（70歳）　五月九日　東日本ボクシング協会に袴田巖再審支援委員会発足。後に日本プロボクシング協会にも支援委員会を設立

二〇〇七年（71歳）　三月九日　国会内の集会に元静岡地裁裁判官の熊本典道氏が出席。無罪の判決文を書いたが、他の二人の裁判官を説得できなかったと証言

二〇〇八年(72歳) 四月二五日　袴田さんの代わりに、ひで子さんが第二次再審請求。みそ漬け実験結果を新証拠とした

二〇一二年(76歳) 一二月二〇日　弁護側鑑定人が「五点の衣類」の血痕と被害者のDNA型は不一致との鑑定結果を提出

二〇一四年(78歳) 三月二七日　静岡地裁(村山浩昭裁判長)が再審開始と死刑・拘置の執行停止を決定。「五点の衣類」は捜査機関に捏造された疑いがあると指摘。袴田さんは約四八年ぶりに釈放された
九月一〇日　東京高検が、「五点の衣類」のネガ約九〇枚を東京高裁に提出。プリントすると、衣類や血痕の色が鮮やかに再現された

二〇一八年(82歳) 六月一一日　東京高裁(大島隆明裁判長)が静岡地裁の再審開始決定を取り消し、再審開始を認めない決定

二〇二〇年(84歳) 一二月二二日　最高裁が東京高裁決定を取り消し、審理を高裁に差し戻した

二〇二三年(87歳) 三月一三日　東京高裁(大善文男裁判長)が再審開始を認める決定。「五点の衣類」について、捜査機関が捏造した可能性が極めて高いと指摘
三月二〇日　東京高検が特別抗告を断念し、再審開始が決定
一〇月二七日　静岡地裁で再審初公判

二〇二四年(88歳) 五月二二日　再審公判で検察側は確定審と同様に死刑を求刑、弁護側は改めて無罪を主張し、結審。ひで子さんが最終意見陳述
九月二六日　静岡地裁で再審の判決公判(國井恒志裁判長)。袴田さんの代わりに出廷したひで子さんに、無罪判決が言い渡された
一〇月八日　畝本直美検事総長が控訴しないと表明。翌日、静岡地検は上訴権を放棄、袴田さんの無罪が確定した

参考文献

・袴田事件関連

高杉晋吾『地獄のゴングが鳴った――無実のプロボクサー袴田巌』三一新書、一九八一年（のち『袴田事件・冤罪の構造――死刑囚に再審無罪へのゴングが鳴った』合同出版、二〇一四年）

山本徹美『袴田事件――一家四人強盗殺人・放火事件の謎』悠思社、一九九三年（のち『袴田事件――冤罪・強盗殺人事件の深層』プレジデント社、二〇一四年）

袴田巖著、無実の死刑囚・袴田巌さんを救う会編『主よ、いつまでですか――無実の死刑囚・袴田巌獄中書簡』新教出版社、一九九二年

袴田事件弁護団編『はけないズボンで死刑判決――検証・袴田事件』現代人文社、二〇〇三年

小石勝朗『袴田事件　これでも死刑なのか』現代人文社、二〇一八年

浜田寿美男『袴田事件の謎――取調べ録音テープが語る事実』岩波書店、二〇二〇年

尾形誠規『美談の男――冤罪　袴田事件を裁いた元主任裁判官・熊本典道の秘密』鉄人社、二〇一〇年（のち、増補のうえ『完全版　袴田事件を裁いた男――無罪を確信しながら死刑判決文を書いた元エリート裁判官・熊本典道の転落』朝日新聞出版、二〇二三年）

いの　まちこ編、たたら　なおき漫画『デコちゃんが行く　袴田ひで子物語』静岡新聞社、二〇二〇年

青柳雄介「神を捨て、神になった男――確定死刑囚・袴田巌」月刊誌『世界』二〇一七年一月～二〇一八年一二月（のち『袴田事件　神になるしかなかった男の58年』文春新書、二〇二四年）

栗野仁雄「袴田事件と世界一の姉」ニュースサイト『デイリー新潮』二〇二一年一〇月～（のち『袴田巖と世界一の姉――冤罪・袴田事件をめぐる人びとの願い』花伝社、二〇二四年）

・その他の冤罪事件・刑事司法関連

上田誠吉・後藤昌次郎『誤まった裁判――八つの刑事事件』岩波新書、一九六〇年
朝日新聞社編『無実は無罪に――再審事件のすべて』すずさわ書店、一九八四年
山崎兵八『現場刑事の告発　二俣事件の真相』ふくろう書房、一九九七年
伊佐千尋『島田事件』潮出版社、一九八九年（のち、新風舎文庫、二〇〇五年）
鎌田慧『死刑台からの生還――無実！　財田川事件の三十三年』立風書房、一九八三年（のち『死刑台からの生還』岩波現代文庫、二〇〇七年）
藤原聡・宮野健男『死刑捏造――松山事件・尊厳かけた戦いの末に』筑摩書房、二〇一七年
安部祥太・鴨志田祐美・李怡修編著『見直そう！　再審のルール――この国が冤罪と向き合うために』現代人文社、二〇二三年
村山浩昭・葛野尋之編『再審制度ってなんだ？――袴田事件から学ぶ』岩波ブックレット、二〇二四年
木谷明『刑事裁判のいのち』法律文化社、二〇一三年
木谷明著、山田隆司・嘉多山宗編『「無罪」を見抜く――裁判官・木谷明の生き方』岩波書店、二〇一三年（のち、岩波現代文庫、二〇二〇年）

※この他、弁護団や支援団体のウェブサイトの情報を参考にした
本文中に書名を記した本や新聞各紙は省略した

藤原 聡

ジャーナリスト．1959年生まれ．早稲田大学政治経済学部卒業後，共同通信社に入社．社会部デスク，長崎支局長などを経て編集委員．著書・共著に，死刑冤罪事件の全貌を描いた『死刑捏造——松山事件・尊厳かけた戦いの末に』(筑摩書房)のほか，『戦後史の決定的瞬間』(ちくま新書)，『ドキュメント大気汚染』(筑摩書房)，『アジア戦時留学生』(共同通信社)など．本書のもとになった共同通信の連載記事「姉と弟　袴田巖さん無罪への闘い」(全30回)は2023年1月～3月，全国の新聞社に配信された．

姉と弟 捏造の闇「袴田事件」の58年

2024年11月 6 日　第1刷発行
2024年11月15日　第2刷発行

著　者　藤《ふじ》原《わら》 聡《さとし》

発行者　坂本政謙

発行所　株式会社 岩波書店
〒101-8002 東京都千代田区一ツ橋2-5-5
電話案内 03-5210-4000
https://www.iwanami.co.jp/

印刷・理想社　カバー・半七印刷　製本・牧製本

ISBN 978-4-00-061668-3　　Printed in Japan